L'homme providentiel
de Thiers à de Gaulle

Du même auteur

L'histoire des étudiants en France, Flammarion, 2000.
Le mythe Pétain, Flammarion, 2002.

© L'Harmattan, 2009
5-7, rue de l'Ecole polytechnique ; 75005 Paris

http://www.librairieharmattan.com
diffusion.harmattan@wanadoo.fr
harmattan1@wanadoo.fr

ISBN : 978-2-296-08262-5
EAN : 9782296082625

Didier FISCHER

L'homme providentiel de Thiers à de Gaulle

Un mythe politique en République

L'Harmattan

Logiques historiques
Collection dirigée par Dominique Poulot

La collection s'attache à la conscience historique des cultures contemporaines. Elle accueille des travaux consacrés au poids de la durée, au legs d'événements-clés, au façonnement de modèles ou de sources historiques, à l'invention de la tradition ou à la construction de généalogies. Les analyses de la mémoire et de la commémoration, de l'historiographie et de la patrimonialisation sont privilégiées, qui montrent comment des représentations du passé peuvent faire figures de logiques historiques.

Déjà parus

Olivier CHAÏBI, *Jules Lechevalier, pionnier de l'économie sociale (1862 - 1862)*, 2009.
Michel HAMARD, *La famille La Rochefoucauld et le duché pairie de La Roche-Guyon au XVIIIe*, 2008.
Martine de LAJUDIE, Un savant au XIXème siècle : Urbain Dortet de Tessan, ingénieur hydrographe, 2008.
Carole ESPINOSA, *L'Armée et la ville en France. 1815-1870. De la seconde Restauration à la veille du conflit franco-prussien*, 2008.
Karine RIVIERE-DE FRANCO, La communication électorale en Grande-Bretagne, 2008.
Dieter GEMBICKI, *Clio au XVIIIe siècle. Voltaire, Montesquieu et autres disciples*, 2008.
Laurent BOSCHER, *Histoire des prisonniers politiques. 1792 – 1848. Le châtiment des vaincus*, 2008.
Hugues COCARD, *L'ordre de la Merci en France*, 2007
Claude HARTMANN, *Charles-Hélion*, 2007.
Robert CHANTIN, *Parcours singuliers de communistes résistants de Saône-et-Loire*, 2007.
Christophe-Luc ROBIN, *Les hommes politiques du Libournais de Decazes à Luquot*, 2007.
Hugues MOUCKAGA, *Vivre et mourir à Rome et dans le Monde Romain*, 2007.
Janine OLMI, *Oser la parité syndicale*, 2007.

Au Hamster providentiel
A Camille et à Louise.

« *J'aime les grands hommes, Brutus, César ; je n'aime pas qu'on vénère les grands hommes...* »

Roger Vailland.

« *Certains mots vivent des malentendus de leur emploi. Il y a de la distance, et c'est peu dire, entre les vérités de l'histoire et l'entendement, entre l'idée et ses usages, naïfs ou manipulateurs.* »

Pierre Laborie.

Prologue :

« ... un général, c'est encore plus significatif de force qu'un orateur, car il peut empoigner les bavards. Et celui-ci, Paris l'a suivi, acclamé, chanté, qui marchait à quinze pas en avant de toute l'armée. Comme il était jeune, et brave, et cher à cet immense public. »[1]

Dans ses Vies Parallèles, Plutarque met en scène des hommes d'exception, à la fois orateurs hors pair à l'assemblée et militaires se couvrant de gloire sur les champs de bataille. Dans un monde antique où la guerre est la norme et la paix l'exception, il fallait, comme l'affirme Thierry Beaubiat, « des hommes providentiels capables de sauver des situations et qui bénéficiaient, la victoire venue, des louanges et de la reconnaissance de tout un peuple. Camille, Timoléon, Pélopidas, Thémistocle, Paul-Emile comme beaucoup d'autres ont incarné à leur manière et dans des conditions historiques propres l'homme providentiel et le héros victorieux[2] ». Camille, par exemple, fut celui qui sauva Rome de l'invasion gauloise de 390. Il tirait son pouvoir d'une double légitimité : la légitimité institutionnelle que lui accorda le Sénat en le nommant dictateur et la légitimité que lui donna le peuple qui voyait en lui le sauveur. En ces temps troublés, l'homme providentiel apparaît comme le seul à même de rétablir des situations désespérées. Il ne s'impose pas au peuple, le peuple l'impose. A la manière encore d'un Paul-Emile, Plutarque nous dit qu'il ne voulait pas commander, mais comme on frappait tous les jours à sa porte, il

---

[1] Maurice Barrès, *Le roman de l'énergie nationale. L'appel au soldat*, Romans et voyages, Bouquins, Paris, Robert Laffont, 1994, p.780.
[2] Thierry Beaubiat, *Les caractéristiques du charisme dans les Vies Parallèles de Plutarque*, master d'histoire ancienne, sous la direction du professeur Dumont, Faculté des lettres et des sciences humaines de Limoges, juin 2005, p. 86.

finit par se laisser convaincre[3]. Le bon pouvoir est toujours celui que l'on refuse. L'âge avancé de Paul-Emile, puisqu'il avait dépassé la soixantaine, n'est en rien un handicap aux yeux du peuple. Au contraire, il peut être un atout, tel ce surcroît de sagesse et d'expérience qui le distingue des autres prétendants au consulat : « Dès qu'on le vit parmi les candidats, on eut l'impression qu'il était descendu sur le Champ de Mars non pour recevoir le consulat, mais pour apporter aux citoyens la victoire et la suprématie dans cette guerre[4] ». Quand Athènes ou Rome fondent les bases de nos régimes démocratiques modernes, elles ne rejettent pas pour autant la Fortune et la Providence[5] qui accompagnent l'action des hommes. D'ailleurs comment le pourraient-ils dans des sociétés où la séparation entre le politique et le religieux n'existe pas ? Le choix d'un sauveur procède toujours de l'ordre divin. Une divinité qui ne tarde pas à se manifester par l'envoi de signes annonciateurs interprétés alors comme un soutien favorable ou l'annonce d'un dessein heureux, à l'image de cette chouette, qui à l'approche de la bataille, vole à droite du navire de Thémistocle et se pose sur les cordages[6].

L'homme providentiel est ainsi une figure venue des origines de notre histoire politique. La République en France n'a pas échappé à cette donnée récurrente. Mieux, l'instabilité parlementaire et les difficultés à faire vivre la démocratie au quotidien ont peut-être

---

[3] Plutarque, *Vies Parallèles*, *Paul-Emile*, X., Quarto-Gallimard, Paris, 2001, p. 502. Cette description de Plutarque tient beaucoup à un récit de Cicéron, *De la divination*.

[4] Ibid.

[5] La Providence n'est pas exactement similaire à la Fortune. Ce dernier concept est à ranger dans la catégorie des causes accidentelles, capricieuses, obscures pour la raison humaine. La Fortune est marque d'incertitude, de précarité devant le cours des choses. Elle justifie quand rien ne peut expliquer, mais vient appuyer la Providence quand les hasards de la chance donnent l'impression d'être le signe favorable du projet de la divinité, donc de la Providence qui elle ne laisse rien au hasard. Pour Plutarque, par exemple, Timoléon bénéficie du soutien de la Fortune, parce qu'il sert la Providence.

[6] Op. cit., Thémistocle, XII, p. 267. La chouette est l'oiseau d'Athéna, déesse protectrice de la cité.

suscité plus qu'ailleurs en Europe - et ce n'est pas là le moindre des paradoxes - le recours au sauveur. De Thiers à de Gaulle, au gré de nos « fièvres hexagonales »[7], notre vie politique est peuplée de figures providentielles[8]. Elles ne se ressemblent pas toutes en dépit d'un creuset mythique comparable. La place qu'elles laissèrent dans l'histoire est elle-même inégale. Quoi de commun entre un de Gaulle et un Doumergue ? Entre l'homme du 18 juin, le père des institutions de la Ve République, et le « sage de Tournefeuille » à l'effacement légendaire ? Ce dernier est pourtant apparu en février 1934, après les terribles affrontements de la place de la Concorde, comme un sauveur potentiel. Quoi de commun encore entre le flamboyant « Général Revanche » caracolant sur son pur-sang arabe lors de la revue du 14 juillet 1886 et le président du Conseil Antoine Pinay, tout de gris vêtu, échappant à petits pas aux photographes sur le perron de Matignon en mars 1952 ?

En fait, à leur manière et à un moment donné, ils ont tous su répondre à l'attente du pays. Nombre de citoyens ont projeté dans des personnalités aussi différentes l'image qu'ils se faisaient du chef. Ils avaient, selon bien des observateurs de l'époque, les qualités requises pour rassembler les Français désunis, réformer l'Etat et incarner l'avenir. André Malraux, dans *Les chênes qu'on abat*, a sûrement donné, en pensant à de Gaulle, la définition la plus intéressante de celui qu'il appelle « l'homme légendaire » capable d'assumer à la fois « le malheur et l'espoir »[9]. Dans cette conversation, en grande partie imaginaire, l'écrivain, mais aussi l'ami, fait entrer le général dans cette catégorie d'homme « qui joue peut-être, dans l'histoire, un rôle aussi singulier que celui du héros ou du saint : l'homme qui échappe au destin »[10]. Echapper au « destin », c'est triompher des « forces du mal », inverser le cours des événements et renouer avec le succès. Pour autant, les travaux

---

[7] Michel Winock, *La fièvre hexagonale. Les grandes crises politiques 1871-1968*, Paris, Calmann-Lévy, 1986.
[8] Nous pouvons ainsi recenser : Thiers, Boulanger, Clemenceau, Poincaré, Doumergue, Pétain, Mendès France, Pinay, de Gaulle...
[9] André Malraux, *Œuvres complètes*, T.III, La Pléiade, Paris, Gallimard, 1996, p.665.
[10] Ibid., p.593.

du sauveur n'ont rien d'original. Ils sont même d'un intérêt très limité pour notre propos tant ils se reproduisent à l'identique depuis l'antiquité. En revanche, plus mystérieuse est l'alchimie de l'appel, plus complexes sont les arcanes de notre imaginaire politique qu'ils révèlent et dont ils découlent.

Il n'est évidemment pas question de faire ici une galerie de portraits ou une succession de biographies. Il nous importe plutôt de comprendre comment naît et se développe cette figure de notre histoire et en quoi elle fait bien partie de notre culture politique. L'homme providentiel, comme l'a montré Raoul Girardet dans *Mythes et mythologies politiques*[11], épouse un ensemble de modèles ou de représentations prestigieuses : Cincinnatus, Alexandre, Solon, Moïse. Le don de soi, l'éclat dans l'action, le retour à l'ordre, le charisme du chef distinguent l'homme providentiel du commun des mortels et l'inscrivent dans l'univers du mythe. Un univers qu'il nous appartient d'explorer pour mettre à jour les vecteurs et les symboles de l'appel au sauveur.

Une crise politique plus grave que les précédentes, une propagande médiatique plus ou moins bien orchestrée, une symbolique comprise du plus grand nombre, et voilà notre homme projeté à l'avant-scène, adulé des foules et des média. On se précipite sur son passage. On veut admirer son visage et lire dans l'étincelle de ses yeux les raisons de lui faire confiance. On veut toucher sa main, son corps. N'a-t-il pas les vertus incomparables du guérisseur ? Ne vient-il pas nous délivrer du mal ? Les rois thaumaturges, chers à Marc Bloch[12], touchaient bien les écrouelles. L'homme providentiel sauvera le pays de toutes les maladies qui le menacent ou l'accablent déjà. La rationalité des comportements s'efface au profit des passions. Peu nombreux sont ceux qui résistent à l'engouement populaire.

Mais le sauveur peut aussi être rattrapé par le destin. La légende noire succède à la légende rose. Thiers, Boulanger, Pétain connurent ce sort : celui d'un mythe à deux visages. Le Janus politique est-il toujours « le produit d'une conception historique fondée sur

---

[11] Raoul Girardet, *Mythes et mythologies politiques*, Paris, Le Seuil, 1986.
[12] Marc Bloch, *Les Rois thaumaturges*, Paris, A. Colin, 1924.

l'alternance de catastrophes épouvantables et de rétablissements spectaculaires »[13] ? En d'autres termes, la postérité du mythe de l'homme providentiel est-elle digne d'intérêt ? La désacralisation s'apparente en fait à une réappropriation collective de l'histoire, à moins que sortir du mythe conduise tout droit à un autre mythe : celui du désenchantement du monde[14]. En effet, notre société contemporaine, qui a connu depuis plus d'un siècle un développement sans précédent des sciences et un recul consubstantiel de la pratique religieuse, n'a pas pour autant gagné en raison au sens cartésien du terme. Au contraire, comme le souligne Gilbert Durand, nous sommes entrés depuis un certain temps « dans ce que l'on peut appeler une zone de haute pression imaginaire »[15]. L'irrationnel a envahi notre univers réhabilitant cette « pensée sauvage » et déclenchant « même dans nos ghettos universitaires, tout un intérêt pour l'image, le symbole et, bien entendu, l'arrangement de ceux-ci entre eux, que l'on appelle le mythe[16] ». Cependant, depuis 1958, plus aucun sauveur n'est venu occuper le champ de notre imaginaire politique. A quoi peut être due une si longue absence ? Marque-t-elle la fin d'une « exception » française dans le concert des nations démocratiques ? Rien n'est moins sûr ! La crise couve et le désarroi politique est immense. Cependant le discrédit que subissent aujourd'hui les partis traditionnels peut-il contribuer à l'émergence de nouveaux « sauveurs » ?

Démêler l'écheveau de nos passions, nous invite à porter un autre regard sur notre société. Partir à la recherche de l'homme providentiel, mettre à jour ses différentes représentations et mesurer sa postérité, c'est faire la preuve par l'imaginaire que la raison en politique n'occupe pas toujours - et loin s'en faut - la meilleure place. Cela aussi pour dire combien comprendre notre histoire peut

---

[13] Didier Fischer, *Le Mythe Pétain*, Paris, Flammarion, 2002, p.9.
[14] Marcel Gauchet, *Un monde désenchanté ?* Les Editions de l'Atelier, Paris, 2004.
[15] Gilbert Durand, *Introduction à la mythodologie. Mythes et sociétés*, Paris, Albin Michel, 1996, p.17.
[16] Ibid., p.19.

dépendre de paramètres paradoxaux incarnés dans la figure même du sauveur. Toute sa vie Clemenceau croira qu'il y a des hommes « dont la volonté entraîne les nations ». Pourtant, sans relâche et jusqu'à sa mort, il pourfendra la notion même de Providence[17]. En 1865, lors de son séjour aux Etats-Unis, le jeune docteur en médecine qu'il était remarquait que « la démocratie américaine se défie, non sans raison peut-être, des hommes de génie, des sauveurs, que guide une inspiration mystérieuse et que la Providence a chargé de penser et d'agir pour les autres[18] ». En fait, dans son refus de la Providence, ce que Clemenceau craignait le plus c'est d'être considéré comme un instrument. N'avait-il pas conscience que le sauveur ne s'appartient plus puisque sa représentation jaillit des tréfonds d'une société et dépasse le singulier pour toucher l'universel ?

---

[17] Jean-Baptiste Duroselle, *Clemenceau*, Paris, Fayard, 1988, pp.29-30.
[18] *Le Temps*, 13 avril 1869, cité par J.B. Duroselle, op.cit., p.87.

A la recherche de l'homme providentiel

Une matrice du XVIᵉ siècle qui a fait école

L'homme providentiel a une histoire

L'homme providentiel ne naît pas des affres de la défaite de 1870 pour s'incarner sous les traits de celui qui avait voulu empêcher la guerre avant de libérer le territoire, relever la France en trois ans et fonder la République. Adolphe Thiers, qui prend en main le destin du pays quand celui-ci est au plus mal, constitue en fait un archétype du sauveur tel que notre histoire en révèle depuis plusieurs siècles. Il n'a rien pourtant d'un chef de guerre. Alexandre ou Bonaparte n'ont pas grand chose à craindre de ce bourgeois cultivé qui n'a aucune épopée particulière à faire valoir, sinon qu'il domine depuis plus d'un demi-siècle la vie littéraire et politique française.

En fait, le libéral de la Restauration converti à la République, le brillant historien du Consulat et de l'Empire rassure des Français traumatisés par la déroute de Sedan. Il assume à la fois le malheur et l'espoir et inspire cette confiance dont sont avides les peuples dans l'épreuve. A sa mort, en 1877, le journal *Le Temps* traçait de lui un portrait dithyrambique : « Il avait quatre-vingts ans, mais sa ferme et lucide intelligence, son incroyable activité de corps et d'esprit, la vivacité de sa conversation et de ses allures, tout nous ôtait jusqu'à l'idée d'une fin prochaine. Ce vieillard, dont l'histoire était celle du pays depuis près de soixante ans, apparaissait déjà comme un personnage légendaire et, cependant, avec le passé, il représentait pour nous, pour la France républicaine et libérale, un avenir long et utile... Il avait encore des services à rendre, des conseils à donner, des hommes à éclairer...; sa grande expérience, sa clairvoyance inaltérable, sa passion du bien public donnaient à ses avis une autorité tout à fait unique... [19] »

Il n'est pas encore ce personnage médiocre incapable de penser l'avenir, ce bourgeois étriqué et conservateur, ce responsable

---

[19] *Le Temps*, 5 septembre 1877, cité par Pierre Guiral, *Adolphe Thiers*, Paris, Fayard, 1986, p.7.

politique qui « noya dans le sang la commune[20] ». Bien des statues commandées par les municipalités ne furent jamais érigées tant la conjonction des oppositions, dans les années qui suivirent sa mort, fut forte. Les bonapartistes ne pouvaient admettre l'ennemi résolu de l'Empire, les monarchistes ne lui pardonnaient pas d'avoir fondé la République et les républicains avancés voyaient en lui le massacreur de la Commune. Cela faisait beaucoup, même pour celui dont « l'histoire se confondait avec celle du pays ».

Cependant, dans les années soixante-dix et jusqu'à sa mort, Thiers est considéré comme une légende vivante dont la geste emprunte à la tradition ancienne et polymorphe du mythe de l'homme providentiel. A cette date, une belle lignée de sauveurs existe déjà en France qui plonge ses racines dans la période médiévale et qui s'épanouit au moins à partir du XVIe siècle. Elle ne naît pas de rien et remplit une fonction politique essentielle : rassembler pour vaincre l'adversité. La matrice du mythe remonte ainsi à la construction de la nation et à l'affirmation de la monarchie. Une construction essentiellement littéraire qui est l'œuvre des chroniqueurs royaux dont la mission est d'ancrer dans le passé la dynastie des Capétiens pour mieux légitimer sa domination sur un territoire qui, progressivement par la conquête militaire, les politiques matrimoniales et l'achat de terres, s'étend. *Les Grandes chroniques de France* participent ainsi de cet effort à forger autour de son roi, pas seulement un royaume, mais déjà une « nation »[21]. Si le sens de cette dernière reste à définir, elle s'identifie de plus en plus à un territoire avant de s'affranchir, à partir de 1789, de la dépendance du pouvoir royal par le principe de la souveraineté nationale. C'est un de ces manuscrits continués jusqu'à la mort de Charles VII que reproduisait Pasquier Bonhomme dans son édition de 1477. Cette dernière offrait avec le texte des *Chroniques de France* dans leur édition de 1380, le texte

---

[20] *Dictionnaire des littératures*, T.III, sous la direction de Philippe van Tieghem, article « Thiers », 1968. Cité par P. Guiral, op.cit., p.8.
[21] Bernard Guénée, « Les « Grandes chroniques de France », le Roman aux roys (1274-1518) » in *Les Lieux de Mémoires*, T. 1, Quarto, Gallimard, 1997, pp. 739-758.

de la chronique de Jean Jouvenel des Ursins pour les années 1380-1402, le texte de la chronique de Gilles Bouvier pour les années 1402-1422, auxquels était ajouté l'histoire du règne de Charles VII (1422-1461) écrite par Jean Chartier, religieux et chantre de Saint-Denis.

Dans ces différents textes, le roi s'affiche de plus en plus comme l'envoyé de la Providence. Il n'est évidemment pas question de monarchie divine. Le temps d'une théorisation du pouvoir royal sur le modèle proposé par Bossuet n'est pas encore venu. Pourtant le monarque, selon la tradition biblique, est bien l'oint du Seigneur, comme en témoigne l'importance de son sacre et la remise des insignes de son pouvoir - les regalia - dans la ville où Clovis avait été baptisé par l'évêque Rémi et où, pour la première fois, l'onction et le couronnement furent associés en 816, lors du sacre de Louis le Pieux[22]. Après, tout est affaire de circonstance exceptionnelle et de propagande plus ou moins savamment orchestrée. Les historiographes, au service de la monarchie, ne pouvaient que participer à l'édification de cette mystique du sauveur qui légitimait l'avènement de leur modèle et l'éloignait, par là même, de la dépendance des grands du royaume.

---

[22] Ainsi est-ce à Reims que furent sacrés les premiers Capétiens, puis tous les rois de France à l'exception de deux d'entre eux : Louis VI, sacré à Orléans en 1108, et Henri IV, à Chartres en 1594. La cité champenoise, qui détenait la Sainte Ampoule, l'avait emporté sur Saint-Denis, dépositaire dans son trésor des regalia. L'abbé de Saint-Denis devait les présenter lors de chaque sacre. L'histoire des regalia est donc rythmée par ses transports répétés entre Saint-Denis et Reims qui ne se firent pas toujours dans les meilleures conditions pour la conservation des objets. Par exemple, en 1722, en prévision du sacre de Louis XV, on fit faire des étuis pour le sceptre, la main de Justice et l'agrafe ; mais les objets, mal calés, bougèrent pendant le voyage et l'on découvrit, à l'arrivée à Reims, que le sceptre était rompu. Il fallut le réparer de toute urgence pour qu'il pût servir au sacre. Voir sur cette question : Danielle Gaborit-Chopin, *Regalia. Les instruments du sacre des rois de France*, Paris, Editions de la Réunion des musées nationaux, 1987.

Dès la fin du XVIᵉ siècle, de son vivant, Henri IV devenait un mythe[23]. La propagande royale très active pour tailler en pièces celle du parti ligueur et susciter un mouvement d'opinion en faveur du souverain « pacificateur » participe à la construction d'une première représentation mythique du roi. Les récits légendaires se multiplient. Ils accompagnent chaque étape de sa vie : on le couche à sa naissance dans une écaille de tortue géante; son grand père lui fait boire du jurançon, ce vin béarnais; enfant, tel Hercule, il tue un serpent et un an avant son assassinat, Sully a déjà écrit une biographie de son souverain. Le culte du « bon roi Henri » redouble après sa mort. Sa fin tragique le hisse au rang des martyrs et son règne est alors revisité à la lueur d'un autre mythe, celui de l'âge d'or : « le paysan mangeait son pain au repos et couplait sans défiance ses bœufs à la charrue » comme l'écrivait Legrain dans sa *Décade historique*. « Labourage et pâturage... » et autre « poule au pot » insistaient sur l'étonnante prospérité du règne.

Les XVIIIᵉ et XIXᵉ siècles ne furent pas en reste. Le culte connaît de nouveaux développements. A la veille de la révolution, Henri IV est devenu le modèle de tous les réformateurs du royaume en attendant de faire son entrée dans le panthéon républicain par le truchement de l'historien Ernest Lavisse qui en fit le précurseur d'une politique laïque avec l'édit de Nantes et d'une politique rurale attachée au monde paysan avec Sully. En fait, plus profondément, le but poursuivi par les républicains est celui d'une réconciliation des Français. Qui mieux qu'Henri IV pouvait être ce pont entre les Bourbons et la République ?

Si l'image du sauveur est bien présente autour du culte dont est l'objet le premier des Bourbons, l'archétype de l'homme providentiel qui fixa à jamais un modèle en France fut une jeune fille : Jeanne d'Arc.

---

[23] Je reprends là l'explication avancée dans mon précédent ouvrage, *Le mythe Pétain*, Paris, Flammarion, 2002, p.11.

Jeanne d'Arc ou l'incarnation de la Providence

La bergère de Domrémy, qui délivra Orléans, fit sacrer Charles VII à Reims et périt sur le bûcher à Rouen, fut la première héroïne d'une histoire qui devenait nationale. Les historiographes de l'entourage royal n'acceptaient pas les thèses anglaise et bourguignonne qui faisaient d'elle une sorcière et une femme de mauvaise vie, mais ne voulaient pas tout de même lui donner une place trop importante qui aurait diminué d'autant celle du roi. Aussi fallut-il attendre la publication en 1579 des *Grandes Annales de France* par François de Belleforest pour assister à la réhabilitation de la pucelle grâce à l'utilisation des comptes rendus des deux procès. Dans cet ouvrage, Jeanne d'Arc n'est pas encore une sainte, mais elle est déjà une martyre nationale. Une voie est ainsi ouverte et désormais les Histoires de France reprennent et précisent son épopée en insistant sur l'état désespéré du pays, sur les origines très modestes de Jeanne, sur sa détermination sans faille : une volonté qui ne peut être animée, dans l'esprit de tous ces textes, que par l'intervention divine.

L'épopée fulgurante de la pucelle ne fait aucun doute. Nombre de documents l'attestent. « Il n'est guère de chronique, de mémoires de l'époque qui n'en fassent mention, sans parler des lettres publiques et privées, du registre du Parlement de Paris (...) Surtout, nous possédons, représenté dans chaque cas par trois manuscrits authentiques portant la signature des notaires, le texte des deux procès qu'elle a subis, l'un pendant sa vie, l'autre après sa mort[24] », insiste avec raison Régine Pernoud. Aucun historien sérieux ne peut contester les faits. Ils sont là, « têtus » aurait dit Marc Bloch. Jeanne a bien quitté son village pour rencontrer le roi à Chinon avec dit-elle, aux conseillers du monarque qui l'interrogent avant l'audience royale, ce « double mandat de la part du roi des cieux » : « D'abord lever le siège mis devant Orléans, ensuite conduire le roi à Reims pour recevoir son couronnement et son sacre[25] ». A la suite de la rencontre, le roi, méfiant, fait examiner Jeanne une première fois

---

[24] Régine Pernoud, Marie-Véronique Clin, *Jeanne d'Arc*, Paris, Fayard, pp.11-12.
[25] Ibid., p.37.

par des gens d'Eglise. Puis, à Poitiers, il fait procéder à un nouvel examen beaucoup plus complet. Ce « procès de Poitiers » dure trois semaines. Jeanne y explique ses « voix ». Elle parle bien et convainc son auditoire. Les docteurs concluent : « En elle, Jeanne, on ne trouve pas de mal, mais seulement du bien, humilité, virginité, dévotion, honnêteté, simplicité[26] ». Rien n'est contraire à la foi catholique dans cette jeune fille de dix-sept ans profondément pieuse. Jeanne, désormais, personnifie l'espérance. L'intérêt étonné que lui portait la population de Poitiers se mue séance tenante en une sorte de dévotion.

Avant même ses premiers faits d'arme, poètes et chroniqueurs s'emparent du personnage. Dans ces conditions, la délivrance d'Orléans aura un immense écho et contribuera à faire naître une légende bien au-delà du petit royaume de France de l'époque, et cela, d'autant plus que Jeanne parvient à imposer une réconciliation générale soulignée par le rédacteur du *Journal du siège* : « rentrèrent en grande joie dans Orléans la Pucelle et les autres seigneurs et gens d'armes en la très grande exultation de tout le clergé et peuple, qui tous ensemble rendirent humble grâce à Notre-Seigneur, et louanges très méritées pour les très grands secours et victoires qu'il leur avait donnés et envoyés contre les Anglais, anciens ennemis du royaume (...). Le même jour et le lendemain aussi, firent très belle et solennelle procession les gens d'Eglise, seigneurs, capitaines, gens d'armes et bourgeois étant et demeurant dans Orléans, et visitèrent les églises par grande dévotion[27] ». Ainsi, avec Jeanne, est-ce la réconciliation et la piété qui accompagnent la victoire et non les exactions des gens d'armes comme c'était trop souvent le cas. L'aura qu'elle exerce sur ses troupes n'aurait donc rien à voir avec celle des capitaines qui ne parvenaient pas toujours à faire régner la discipline parmi leurs mercenaires chichement rétribués.

Des récits où le merveilleux le dispute à la vérité commencent à circuler. Perceval de Boulainvilliers, conseiller du roi, qui a épousé la fille du gouverneur d'Asti, écrit au duc de Milan, Philippe-Marie

---

[26] Ibid., pp.51-52.
[27] Cité par R. Pernoud..., op.cit., pp.80-81.

Visconti, une lettre dithyrambique expliquant qu'à « l'heure où elle naquit à Domrémy, dans la nuit de l'Epiphanie, les coqs se mirent à chanter, éveillant tout le village comme hérauts d'une joie nouvelle ». Il insiste aussi sur le fait que « Jeanne n'aurait jamais égaré une seule brebis lorsqu'elle gardait les troupeaux dans son enfance, et pendant six jours et six nuits, elle aurait pu rester complètement armée, étonnant tout le monde par la façon dont elle supporte l'armure [28] ». Un poète, Antoine Asti, a même traduit en vers cette lettre probablement inspirée des grands panégyriques de l'Antiquité ou encore des *Vies Parallèles* de Plutarque[29].

    Le Journal d'un bourgeois de Paris, œuvre d'un clerc de l'Université de Paris, mentionne aussi les exploits de la pucelle. L'auteur les agrémente de quelques anecdotes. Dans sa petite enfance, lorsqu'elle gardait les moutons, « les oiseaux des bois et des champs venaient à son appel manger son pain dans son giron comme privés (apprivoisés) ». Il note encore, non sans un certain dépit, qu' « en ce temps les Armagnacs levèrent le siège d'Orléans d'où ils chassèrent les Anglais », tout en ajoutant que Jeanne avait prédit à un capitaine qu'il serait tué : « il en fut ainsi, car il se noya le jour de la bataille[30] ».

    La rumeur publique s'est emparée des exploits de la jeune fille et les écrits qui nous sont parvenus témoignent tous d'une grande admiration, voire d'une ferveur peu commune. Jean Pasquerel, son chapelain, peut ainsi affirmer : « Jamais on a vu une telle chose comme l'ont été vues de votre fait ; en aucun livre on ne lit des faits semblables[31] ». Il est vrai que cette intervention foudroyante sur le cours de la guerre de cent ans de la part de cette petite paysanne ne peut que surprendre. Il faut donc trouver des explications. Autre fonction du mythe : rendre intelligible, ce que la raison ne peut sereinement appréhender. Aux yeux d'une part non négligeable de

---

[28] Ibid., p.87.
[29] Thierry Beaubiat, *Les caractéristiques du charisme dans les Vies Parallèles de Plutarque*, master d'histoire ancienne, sous la direction du professeur Dumont, Faculté des lettres et des sciences humaines de Limoges, juin 2005.
[30] Ibid., p.88.
[31] Ibid., p.89.

ses contemporains, « elle est la vierge inspirée dont on peut attendre n'importe quel miracle ». Guy Laval, seigneur qui est venu se joindre à l'armée royale, témoigne dans une lettre à sa mère de la forte impression que lui fit Jeanne : « Je la vis monter à cheval, armée tout en blanc sauf la tête, une petite hache en sa main, sur un grand coursier noir, qui à la porte de son logis se démenait très fort et ne souffrait qu'elle montât ; alors elle dit : « Menez-le à la Croix » qui était devant l'église auprès en chemin. Et alors elle monta sans qu'il se bougeât, comme s'il fût lié[32] ».

Par des récits de ce type, la jeune lorraine entre vivante dans la légende. Déformations, exagérations, à partir de faits vrais, se compose une image du sauveur, et peu importe, qu'après le sacre de Reims, Jeanne d'Arc connaisse des revers militaires. Au contraire, les épisodes de la prison, du jugement et de l'exécution renforcent le mythe. Sa proximité avec Dieu et son immense piété, sa fragilité physique et sa détermination, sa jeunesse et son courage, dans des circonstances où pour le commun des mortels tout semble perdu hissent la bergère au-delà du genre humain. Elle incarne tout à la fois : la « grandeur », la « lumière », la « clarté », la « gloire », comme le souligne en juillet 1429, dans uns des premiers poèmes en prose, Alain Chartier[33]. Christine de Pisan, poète et historienne, qui s'était retirée au couvent à l'arrivée dans Paris des Anglais, ne rédigeant plus que des oraisons funèbres, retrouve sa verve d'antan à l'annonce des exploits de la pucelle. Elle voit une aube inespérée se lever et son enthousiasme l'a conduit, en 56 strophes et 448 vers, à esquisser l'histoire de son héroïne[34]. Elle insiste sur sa féminité et sa simplicité pour mieux souligner son courage et sa détermination bien supérieurs à tous ce que les hommes ont jusqu'ici pu montrer. Procédé littéraire qui puise ses origines dans les récits de la mythologie grecque et latine et qui sera ensuite toujours repris pour décrire la geste du sauveur. Il ne fait aucun doute pour Christine de Pisan, comme pour Alain Chartier, que Jeanne est l'envoyée de Dieu, l'incarnation même de la Providence. Dans le malheur, elle

---

[32] Ibid., pp.92-93.
[33] Ibid., p.109.
[34] Ibid., p.108.

guide son peuple vers la lumière. Cette volonté ne peut être animée que par l'intervention divine. Un roi, un peuple, une nation naissante ont remis leur destin dans la détermination d'une jeune fille dont l'armure qu'elle porte et l'étendard qu'elle brandit masquent la fragilité physique. Le culte rendu à Jeanne est né de son vivant. Il a connu les vicissitudes de la défaite et du procès, mais il a traversé les siècles en s'érigeant en un modèle indépassable. La représentation du sauveur, sans l'épopée johannique et toute sa tradition littéraire et artistique, serait probablement beaucoup plus fade.

Le culte de Jeanne : un enjeu politique

Le culte de Jeanne est devenu très tôt un enjeu politique. Cette mémoire, comme le souligne Michel Winock, n'est pas neutre: « fractionnée, débattue, instrumentalisée, elle exprime aussi les conflits qui ont divisé les Français depuis l'aube des temps modernes[35] ». Pourtant, la référence à Jeanne d'Arc est loin d'être permanente du XVIe siècle à nos jours. Elle connaît des phases d'oubli à partir de la fin du XVIe siècle et de « remémoration active » aux XIXe et XXe siècles. Que la monumentale histoire de la pucelle d'Orléans rédigée entre 1625 et 1630 par l'ancien syndic de la faculté de théologie de l'université de Paris, Edouard Richer, soit restée deux siècles sous la forme manuscrite témoigne du peu d'intérêt que suscitait son épopée aux XVIIe et XVIIIe siècles. Bossuet, le théoricien du providentialisme historique, lui manifestait, dans son *Abrégé de l'histoire de France*, une belle indifférence. Par exemple, aucune allusion n'est faite aux « voix » de la jeune fille. Le tableau de Rubens, Jeanne en prière, peint vers 1620, ne trouve pas d'acquéreur puisqu'il figurait encore dans la chambre du peintre au moment de sa mort[36]. De la même manière,

---

[35] Michel Winock, « Jeanne d'Arc », in *Les lieux de mémoire* (s.d. de Pierre Nora), T.III, Quarto, Paris, Gallimard, p.4431.
[36] Jeanne est représentée en armure, agenouillée et mains jointes face à un crucifix. Sa chevelure défaite lui descend jusqu'aux reins. Auprès d'elle,

la période révolutionnaire ne fut guère favorable à celle qui avait « restauré la monarchie française et affirmé sa fidélité à l'Eglise ». En 1790, un auteur, Ronsin, avait réussi à faire accepter une Jeanne d'Arc soumise au comité de lecture de la Comédie-Française ; deux ans plus tard il mourait guillotiné, tout comme Clément L'Averdy qui avait le premier publié quelques extraits des manuscrits des procès[37]. Il faut attendre l'arrivée au pouvoir de Bonaparte pour voir la pucelle remise à l'honneur. Il autorise notamment la reprise des cérémonies annuelles d'Orléans, interrompues depuis 1793. Dans un message adressé à la municipalité, lors de l'érection d'un nouveau monument à la gloire de Jeanne en 1803, il fait de cette dernière la championne de l'indépendance nationale[38].

Il s'ouvrait dès lors pour le culte de la pucelle un bel avenir. Le romantisme, le renouveau catholique, l'essor des études historiques et la défaite de 1871 ont fait du XIXe siècle, le siècle de Jeanne d'Arc. Son personnage suscite une abondante production littéraire et iconographique, à laquelle il faut ajouter les milliers de statues dont s'enrichissent les églises et les places de France. Jeanne devient l'égérie de tout un peuple et le drapeau de toutes les causes. En 1866, elle fait son entrée dans le roman populaire avec la Jeanne d'Arc d'Eugène Sue. Michelet, dans son évocation de la bergère de Domrémy, tirée de sa monumentale *Histoire de France*, voit en elle la révélation de la patrie. Paul Déroulède n'hésite pas à la considérer comme le mythe des origines de la nation française. Alors que pour Henri Martin, elle n'est autre que le « messie de la nationalité ». Dans son panégyrique de 1869, Mgr Dupanloup, évêque d'Orléans et militant de la canonisation de la pucelle, s'écrit : « Je salue la sainte en elle ». Dans un tel climat de ferveur johannique, la défaite militaire de 1871 ne fit que renforcer le culte. Les Prussiens occupent Paris et le souvenir de Jeanne d'Arc est

---

sur le sol, est posé son casque empanaché. Force et sérénité se dégagent de cette représentation baroque.

[37] Régine Pernoud, *Jeanne d'Arc*, Paris, Seuil, 1981, p.112.
[38] « L'illustre Jeanne d'Arc a prouvé qu'il n'est point de miracle que le génie français ne puisse opérer lorsque l'indépendance nationale est menacée », cité par Régine Pernoud, *Jeanne d'Arc*, Paris, Seuil, 1981.

omniprésent. Elle incarne cette résistance héroïque à l'ennemi et cette promesse d'une liberté à venir. Par-delà les fièvres patriotiques, la publicité s'empare aussi du nom de la pucelle. Il est mêlé à presque toutes les activités industrielles et commerciales. De nombreux produits sont fabriqués sous sa marque : bonbons, liqueurs, bières, fromages, savons, automobiles, jeux de l'oie, jeux de construction pour les enfants[39]. Les hôtels et les restaurants à l'enseigne de la petite bergère fleurissent un peu partout.

Mais ce culte rendu à Jeanne n'a rien de consensuel. Plusieurs modèles antagonistes existent et s'affrontent. Catholiques, républicains, nationalistes revendiquent leur part d'héritage. Tour à tour sainte catholique, incarnation du peuple patriote et patronne du nationalisme exclusif, Jeanne d'Arc est devenue cette page blanche sur laquelle chacun en fonction de ses opinions et de ses croyances écrit son histoire. Le mythe relaie dans les marges sa part de vérité. Cette « parole choisit par l'histoire », selon Roland Barthes, a désormais gagné son autonomie.

Léon XIII, le pape de la question sociale et du ralliement de l'Eglise à la République, engage le procès en canonisation en 1894. C'est pour lui un geste pour faire accepter par les catholiques les plus réticents l'orientation « moderniste » de son pontificat. L'aggiornamento de l'Eglise vaut bien que l'on s'intéresse à la jeune fille de Dorême qui avait sauvé la monarchie française. Elle franchit sans coup férir toutes les étapes d'un parcours où les obstacles sont pourtant nombreux : vénérable en 1894, bienheureuse en 1909, sainte en 1920. La canonisation intervenait donc sous Benoît XV, 489 ans après sa mort et 446 ans après le procès en réhabilitation. L'Eglise, après la condamnation posthume de l'évêque Cauchon et de l'université de Paris à la solde des Bourguignons, s'accaparait la « vraie Jeanne d'Arc » selon le réquisitoire du RP Ayroles publié en 1902. Sa pureté et ses vertus devaient désormais servir d'exemples à tous les catholiques.

La sainteté n'était pas précisément ce que les républicains recherchaient en Jeanne d'Arc. A l'instar de Michelet, ils louaient

---

[39] R. Pernoud, op. cit., pp.74-75. Elle est même devenue à la fin de l'année 2003 l'héroïne d'un jeu vidéo : *Joan of Arc*, Enligth éditeur.

surtout l'initiatrice du sentiment national : l'image même de la patrie. Et le grand historien romantique n'hésite pas à reprendre dans son évocation de Jeanne d'Arc toute la tradition légendaire née du vivant même de son héroïne : « Enfant, elle aimait toutes choses, disent les témoins de son âge. Elle aimait jusqu'aux animaux ; les oiseaux se fiaient à elle, jusqu'à lui venir manger dans les mains. Elle aimait ses amis, ses parents, mais surtout les pauvres. Or le pauvre des pauvres, la plus misérable personne, la plus digne de pitié en ce moment, c'était la France[40] ». Pour Michelet, l'épopée de la pucelle n'est justifiée que par l'amour qu'elle portait à son pays, comme si au XVe siècle cette notion avait réellement un sens. Peu importe, l'historien insiste : « Souvenons-nous toujours, Français, que la patrie chez nous est née du cœur d'une femme, de sa tendresse, de ses larmes, du sang qu'elle a donné pour nous[41] ». Le patriotisme républicain prenait les traits de la jeune lorraine. Si dans cette récupération républicaine, Dieu n'est pas nié. Il apparaît seulement au second plan. Le véritable moteur de l'histoire, c'est le peuple dont Jeanne d'Arc est l'incarnation. Et quand l'heure de l'invasion du pays a sonné, Gambetta n'hésite pas à affirmer : « Je suis un dévot de Jeanne d'Arc[42] ». Au début de la IIIe République, comme le souligne Michel Winock, deux attitudes républicaines coexistent à l'endroit de Jeanne. L'une nationaliste et radicale qui vise à rompre avec l'Eglise. L'autre plus modérée qui fait d'elle un symbole de la réconciliation des Français au dessus des querelles de parti. Les socialistes, pourtant de tradition internationaliste, ne restèrent pas très longtemps à l'écart du culte rendu à Jeanne d'Arc. En 1890, Lucien Herr, dont on sait l'influence qu'il eut sur plusieurs générations de normaliens, revendiquait à son tour la mémoire de l'héroïne : cette jeune fille abandonnée de tous à l'exception du peuple. En 1910, Jaurès, dans L'armée nouvelle, lui consacre aussi quelques unes de ses plus belles lignes : « Il n'y a dans son âme, dans sa pensée, rien de local, rien de terrien, elle

---

[40] Jules Michelet, *Jeanne d'Arc*, Paris, 1853, rééd. Hachette, 1888.
[41] Ibid..
[42] M. Winock, op.cit..

regarde bien au-delà des champs de Lorraine[43] ». Nul doute n'est possible. Les socialistes sont progressivement gagnés par cette figure mythique du patriotisme. Faut-il discerner dans leur ralliement à Jeanne d'Arc une étape vers l'Union sacrée de 1914 ?

La fin du XIXe siècle voit l'emprise du nationalisme se faire de plus en plus forte sur la société française. L'affaire Dreyfus cristallise un temps ses différents courants : patriotisme chrétien venant de la droite, révisionnisme républicain survivant du boulangisme. Si ce nationalisme sera toujours incapable de faire son unité, il n'en diffusera pas moins certains clichés communs dont la dénonciation d'une république judéo-maçonnique. Dans ce contexte, Jeanne d'Arc, pour les nationalistes incarne la pureté d'une essence française que « l'anti-France » cherche à détruire : l'origine terrienne de la pucelle contraste avec le nomadisme juif et sa nature urbaine ; sa piété exprime la force de l'esprit contre le matérialisme qui envahit la société ; l'ensemble de ses vertus en font la fine fleur d'une race supérieure, la race aryenne dans sa version celte. Elle est le remède à toutes les dérives d'une époque : l'anticorps français par excellence. Les nationalistes n'hésitent pas à associer dans tous leurs discours le « Vive Jeanne d'Arc ! » au « A bas les juifs ! ».

D'où qu'elle vienne, l'évocation de Jeanne d'Arc n'est jamais désintéressée. La traduction politique de son culte vise à une double fin : le rassemblement des Français face aux périls ou, au contraire, l'affirmation d'une identité partisane. Maurice Barrès, qui voyait dans la jeune fille de Dorême, « l'incarnation de la résistance contre l'étranger », dépose en décembre 1914 une proposition de loi dont l'objet est l'institution d'une fête nationale Jeanne d'Arc. Barrès exposant les motifs de sa démarche devant ses collègues expliquait le 14 avril 1920 : « ... tous les partis peuvent réclamer Jeanne d'Arc. Mais elle les dépasse tous. Nul ne peut la confisquer. C'est autour de sa bannière que peut s'accomplir aujourd'hui, comme il y a cinq

---

[43] Jean Jaurès, *L'armée nouvelle*, Paris, Imprimerie Nationale, 1992.

siècles, le miracle de la réconciliation nationale[44] ». En 1931, Raymond Poincaré, place du Vieux-Marché à Rouen, lors des cérémonies du 500e anniversaire de son exécution, exalta l'« image vivante de la patrie ». Une patrie unie, une patrie rassemblée, une patrie qui ne craint pas l'avenir. De la même manière, mais en opposition avec cette image du consensus, l'extrême droite utilise Jeanne d'Arc pour inviter à renverser la République, pour dresser une minorité de Français contre une majorité. L'Action française a fait de Jeanne sa chose qu'elle oppose à Marianne. Identifier son combat contre la République à celui mené par la jeune lorraine pour délivrer Orléans et faire sacrer le roi, est pour l'organisation de Maurras le garant d'un certain succès, même après la double condamnation pontificale de 1926. L'Action française n'est pourtant pas seule sur ce terrain puisque une grande majorité des ligues de l'entre-deux-guerres se réclame de la pucelle. Georges Valois, fondateur du Faisceau et inventeur d'un fascisme à la française, n'hésite pas à écrire : « Si Jeanne d'Arc revenait, elle ferait la guerre aux pillards de la fortune publique, afin de donner la paix et la justice au travailleur. Le juste salaire à l'ouvrier. Et la grandeur à la France[45] ». Elle devint ensuite la patronne de l'idéologie de l'Etat français et fut utilisée par les partisans de l'Algérie française à partir de janvier 1957. Le général Weygand, Léon Bérard, André Frossard, Gustave Thibon et quelques autres donnent naissance à une « Alliance Jeanne d'Arc » dont l'objectif est le combat contre une « dislocation historique » de la France qui serait induite par la perte de l'Algérie[46]. En 1979, Jean-Marie Le Pen relance ce culte johannique dans le droit-fil de la tradition de l'extrême droite française. Tous les premiers mai, il défile avec ses partisans rue de Rivoli et place des Pyramides, devant la statue de Frémiet érigée en 1875, représentant une Jeanne équestre dorée à la feuille d'or.

---

[44] M. Barrès, *Journal Officiel*, n°699, Chambre des députés, douzième législature, session de 1920, annexe au procès-verbal de la 2e séance du 14 avril 1920. Le 24 juin, la fête Jeanne d'Arc est officiellement reconnue.
[45] G. Valois, *Le fascisme*, Paris, p.82, cité par M. Winock, op.cit. p.4463.
[46] M. Winock, op. cit., p.4466.

Le culte de Jeanne d'Arc, tel qu'il s'est développé depuis le XVe siècle recouvre donc un enjeu majeur. Tous ses adeptes s'inscrivent dans une tradition politique qui vise à créer les conditions d'une unité des Français pour l'accomplissement de grands desseins autour d'une figure emblématique de notre histoire. Dans bien des cas, c'est la division qui est au rendez-vous. Mais qu'il vise à rassembler les Français ou qu'il contribue à identifier des groupes particuliers, ce culte fixe une certaine image du sauveur. Il dessine les contours d'une représentation où l'emphase toujours présente sert de justification à l'inexplicable défaite avant de faire naître l'espoir d'un rétablissement spectaculaire. De Thiers à de Gaulle, l'homme providentiel met ses pas dans ceux de Jeanne d'Arc. Plus que le simple fruit de notre imaginaire politique, le mythe se fonde sur une certaine conception de l'histoire.

Une certaine conception de l'histoire

L'histoire, un « récit providentiel »

Marc Bloch, dans son *Apologie pour l'Histoire ou métier d'historien*, laissée inachevée par sa mort tragique en 1944, faisait la remarque suivante : « L'histoire n'est pas seulement une science en marche. C'est aussi une science dans l'enfance : comme toutes celles qui ont pour objet l'esprit humain, ce tard venu dans le champ de la connaissance rationnelle. Ou, pour mieux dire, vieille sous la forme embryonnaire du récit, longtemps encombrée de fictions, plus longtemps encore attachée aux événements les plus immédiatement saisissables, elle reste, comme entreprise raisonnée d'analyse, toute jeune[47] ». En effet, sans vouloir faire ici de l'historiographie de haut vol, il est probable que l'histoire raisonnée soit un produit des Lumières annoncée dès la fin du XVIe siècle par les ouvrages de Lancelot de la Popelinière : *Dessein de l'histoire nouvelle des Français* et surtout *L'Histoire des histoires*. L'auteur propose à ses lecteurs une révision de l'histoire de France débarrassée des légendes et des mythes. Au-delà de ce toilettage, il affirme que l'histoire ne peut être que la recherche des causes et des conséquences d'un événement. L'explication doit être partie prenante du récit. Mais le véritable envol de l'histoire raisonnée est à dater du XIXe siècle avec deux acquis principaux : l'élaboration de méthodes d'érudition et la proposition d'une définition de l'histoire[48]. Aux archives et aux institutions savantes s'ajoute le balisage d'un territoire, celui de la société. L'histoire devenant, selon Fustel de Coulanges dont la définition est complétée par Marc Bloch : « la science des hommes en société dans le temps ».

Mais avant de faire valoir sa dimension scientifique, l'histoire fut d'abord un « récit providentiel » visant, au moins en Europe

---

[47] Marc Bloch, *Apologie pour l'Histoire ou métier d'historien*, Paris, A. Colin, 1949.
[48] Jacques Le Goff, « L'histoire », in *Université de tous les savoirs. L'Histoire, la Sociologie et l'Anthropologie*, Paris, Poches Odile Jacob, 2002, pp.59-75.

occidentale, à légitimer un pouvoir. Faire la part entre le vrai et le faux, la légende et la vérité, ne s'imposait pas. Au contraire, un bon récit mêlait allègrement les deux et faisait entrer le lecteur ou l'auditeur dans un monde où le merveilleux prenait une place décisive en étant très souvent le ressort de l'action. *L'Iliade*, qui évoque un épisode de la guerre de Troie - la colère d'Achille - a pu constituer un modèle pour nombre de poètes, de troubadours, voire d'historiographes des entourages royaux. Les dieux, toujours présents, agissent sur le destin des hommes. Rien n'est possible sans leur soutien, sans leur intervention. Tout malheur ne peut être lié qu'à leur colère. Dans une société où l'autonomie du politique par rapport au religieux est encore impensable, le destin des hommes dépend étroitement de la volonté des dieux. Dans ces conditions, raconter l'histoire des hommes, c'est aussi faire l'histoire des dieux. La mort et les funérailles de Patrocle, la vengeance d'Achille contre Hector, le sacrifice d'Agamemnon faisant périr sa fille Iphigénie pour apaiser le courroux d'Artémis avant son expédition contre Troie, autant d'images classiques d'un récit qui tient plus de la légende que de l'histoire. Le monde d'Homère est peut-être celui de la société mycénienne huit ou neuf siècles avant Jésus-Christ : une Grèce où s'amorcent les premières formes de la cité ; une Grèce des origines où l'histoire et le mythe sont indissociables. Comment d'ailleurs pouvait-il en être autrement ? Homère, dont l'existence même est contestée, est un homme de son temps[49]. Il invente seulement un type de récit oral de plusieurs milliers de vers chantés, avec probablement toutes les improvisations possibles, par les troubadours de l'époque : les aèdes. Ce récit rassemble autour de lui des auditoires souvent nombreux qui se reconnaissent dans les faits ainsi exposés. A défaut d'être exacts, ils ont un fort pouvoir d'identification culturelle.

---

[49] Homère est lui même entouré de légendes dès le Ve siècle avant Jésus-Christ. Hérodote le considérait comme un Grec d'Asie Mineure vivant vers 850 av. J-C. La tradition le représentait vieux et aveugle, errant de ville en ville et déclamant ses vers. Dès le XVIIe siècle, maintes hypothèses ont été faites sur l'existence du poète et sur la création des épopées homériques.

En dépit d'une plus grande autonomie du religieux par rapport au politique, les sociétés de l'Occident médiéval ont conservé une forte attache en la croyance de l'intervention divine dans la vie des hommes. Dieu accompagne encore chaque moment de la vie quotidienne. De ce fait, quand Jeanne d'Arc affirme agir selon la volonté de Dieu, cela paraît à ses contemporains tout à fait naturel. Mais, comme dans ces circonstances le « malin » n'est jamais très éloigné, faut-il seulement s'assurer que ce n'est pas le diable qui la guide. Ce qui explique le procès de Poitiers. Il n'est donc pas question de remettre en cause l'action de la Providence. Cette dernière est une figure familière d'une société profondément religieuse. Une société où les vies de saints connaissent un immense succès. Les artistes sont partout sollicités pour participer par leurs œuvres à l'édification des foules. Sculpteurs, peintres contribuent à populariser des récits merveilleux qui viennent fortifier la foi. A Assise, les fresques de Giotto sur la vie de Saint-François proposent aux croyants et à ceux qui le sont moins l'itinéraire exemplaire du petit frère des pauvres, fondateur d'un des principaux ordres mendiants des XIVe et XVe siècles. Ainsi n'est-il pas anormal que les chroniqueurs de l'époque, favorables à Jeanne d'Arc, insistent sur son attitude empreinte de piété et sur l'incarnation de la Providence qu'ils croient déceler en elle. Pour eux, l'épopée fulgurante et extraordinaire de la pucelle n'était pas possible sans l'aide de Dieu. Une tradition historique s'établit ainsi : l'histoire se résumant à une succession d'interventions divines. Au moment, où cette vision de l'histoire est de plus en plus contestée, à partir des XVIIe et XVIIIe siècle, Bossuet et Joseph de Maistre s'en firent les théoriciens les plus reconnus. Démythifier va constituer une tâche primordiale de toute histoire raisonnée. Et démythifier, par des méthodes scientifiques, n'est-ce pas au final proposer une vision laïque du monde ? Chasser l'anecdotique, le surnaturel, vouloir expliquer rationnellement les comportements des hommes en société dans le temps permet-il pour autant de mieux comprendre ce qui fait l'épaisseur sociale d'une époque ? Le mythe, et l'imaginaire qui l'accompagne, est une dimension constitutive de l'humanité, et toute raison, quelle qu'elle soit, ne s'élabore jamais qu'à partir de lui et de son terreau. Comme le font remarquer dans un ouvrage récent Frédéric Monneyron et Joël Thomas, l'histoire et le mythe s'éclairent et se donnent sens réciproquement ; sans l'histoire, le mythe n'a pas de corps ; et sans le mythe, l'histoire n'a pas d'âme. Le mythe serait donc un peu la mémoire du corps social, et l'histoire serait sa respiration[50]. Cette conception de « l'histoire providentielle » a contribué à forger le mythe du sauveur. L'apparition récurrente de cette figure dans notre histoire en dit probablement plus long sur l'état de crise de nos sociétés à un moment donné que bien des discours. Il y a près d'un siècle et demi que cette histoire a été congédiée de nos doctes académies pour se réfugier dans les arrières salles de nos mémoires un peu honteuses. Elle n'en continue pas moins à imprégner nos mentalités.

L'histoire : une succession de catastrophes et de rétablissements spectaculaires

Cette histoire « providentielle » appartient en fait à une conception plus large de l'histoire : celle, née des récits bibliques, d'une succession de catastrophes et de rétablissements spectaculaires. *La Bible*, ce roman des origines, nous entraîne dans le sillage du peuple élu. Un peuple dont le dialogue avec Dieu se solde par une succession de malheurs et de redressements spectaculaires. Quand Israël interrompt son dialogue et s'éloigne des préceptes divins, les calamités se mettent à pleuvoir. La condamnation des Hébreux à l'esclavage chez Pharaon ou l'exil à Babylone après la destruction du Temple n'en sont pas les moindres. En revanche, quand ce dialogue reprend, Israël, avec l'aide de Dieu, connaît la fin de ses malheurs. Alors la vie nouvelle peut prendre la forme d'un royaume puissant : celui de Salomon ou de David.

Traversée du désert et prospérité alternent pour le peuple de Dieu et constituent une grille de lecture de notre passé. Avant Marx, et sa lutte des classes, toute l'histoire n'aurait été que cette alternance de décadences et de redressements. A cela près, que là où le

---

[50] Frédéric Monneyron, Joël Thomas, *Mythes et littérature*, Paris, Que sais-je?, PUF, 2002, pp.81-82.

philosophe allemand voyait l'action déterminante du peuple comme entité collective, les tenants de cette conception de l'histoire invoquent la figure du sauveur dont la fonction est d'assumer le malheur, comme a pu le faire Moïse, et de guider ensuite la nation vers la délivrance et le redressement. Il est évident que cet appel à l'homme providentiel en France est bien une construction, au cœur de notre imaginaire politique, qui s'inscrit dans la longue durée et qui répond à la spécificité de notre histoire nationale : le mythe comme ressort de l'action et explication *in fine* de l'évolution du monde.

De Gaulle, évoquant cette « certaine idée de la France », parlait d'un pays qui oscillait entre « des succès exemplaires ou des malheurs achevés[51] ». Il ne faisait que reprendre là une analyse qui remontait au moins au XVIe siècle. Nous la trouvons par exemple dans l'*Epitome de l'Antiquité des Gaules* de Guillaume du Bellay. Ce dernier affirme même qu'il s'agit là d'une originalité française : « Ne desplaise aux autres nations, desquelles je ne vueil en rien diminuer la réputation, je n'en sache aucune en laquelle ou plus souvent ou plus longtemps ne soit fortune monstrée amye ou ennemye alternativement. Et proprement semble qu'en ceste seule nation Francoyse, elle ayt voulu esprouver l'une et l'autre sienne pour à toutes autres donner exemple et miroer, tant de suporter en magnanimité et avecques force et constance les infortunes et aversitez, comme de soy gouverner en prospérité avecques modestie et atrempance[52] ». Quelques années plus tard, après les guerres de religion, apparaissait sous la plume de Jean de Serres dans son *Inventaire général de l'histoire de France* l'explication des rétablissements spectaculaires appelée à une grande prospérité : « Pour le moins, nous marquerons d'abord que ce n'est pas d'aujourd'huy seulement que la France est en peine, ni d'aujourd'huy aussi qu'elle est fort peu sage. Adjoustons aussi par la mesme raison, ni d'aujourd'huy qu'elle sent le secours de son

---

[51] Charles de Gaulle, *Mémoires de guerre*, tome I, *L'Appel*, Paris, Plon, 1954 (Ed. Omnibus/Plon, 1994), p.9.

[52] Cité par C.G. Dubois, *Celtes et Gaulois au XVIe siècle, le développement littéraire d'un mythe nationaliste*, Paris, Vrin, 1971, p.42.

gardien, qui la conserve, qui répare sa folie, qui radouble ses forces. Sans cette main protectrice, il y a longtemps qu'elle seroit perdue[53] ». Ce « gardien » qui veille sur le pays, cette « main protectrice » qui éloigne le malheur, ne font qu'un pour guider la France, assimilée à une personne, vers le salut. Il s'agit évidemment pour notre auteur de la Providence. La nation divisée a remis son destin dans les mains de Dieu.

Le mythe du sauveur plonge ainsi ses racines dans cette conception particulière de l'histoire de France. Jean de Serres fait allusion dans son analyse à la « folie » française. Il faut comprendre sous ce terme les divisions perpétuelles du pays. Les guerres de religion et leur cortège de massacres sont encore dans toutes les mémoires quand il écrit ces lignes. Elles lui font penser que la France a toujours connu la désunion pour son plus grand malheur : affrontements entre les tribus gauloises, oppositions entre gallo-romains et peuples « barbares », guerre entre Armagnacs et Bourguignons, guerres entre catholiques et protestants... Par la suite, bien des auteurs reprendront cette vision d'un pays en perpétuel conflit où les Français ne s'aiment pas. Il est vrai que de nombreux événements pouvaient nourrir cette analyse. La Seconde Guerre mondiale et l'opposition, que font naître l'armistice et l'occupation allemande, entre résistants et collaborateurs, est exemplaire d'un pays dont la guerre civile pourrait être assimilée au mode habituel de régulation des tensions. « Ce royaume, affirmait François Mauriac en 1968, n'aura cessé d'être divisé contre lui-même...[54] ». Aussi, pour tous ceux qui dressent ce constat, la survie malgré tout du pays tient-elle du miracle. La France n'a pu que bénéficier d'une attention particulière de la Providence. A chaque fois, dans les situations les plus périlleuses, s'est levé un homme ou une femme pour la retenir au bord de l'abîme où elle menaçait de tomber. Le retournement de la situation ne peut être alors que spectaculaire. « On avait jugé la France caduque, sinon tout à fait

---

[53] André Burguière et Jacques Revel, *Histoire de la France. Choix culturels et mémoire*, Paris, Seuil, 2000, p.325.
[54] François Mauriac, *Le dernier bloc-notes (1968-1970)*, Paris, Flammarion, 1971, p.69.

défunte, et voici qu'elle apparaissait éblouissante de jeunesse » écrivait Léon Bloy, après la bataille de la Marne, à propos de l'épopée de Jeanne d'Arc[55].

L'homme providentiel, par-delà la révélation d'une certaine idée de l'histoire, joue un rôle historique et politique particulier.

Le rôle historique et politique de l'homme providentiel

L'homme providentiel ne se trouve pas seulement là au bon moment pour assumer les difficultés et redonner l'espoir. Il propose en fait aux peuples déboussolés une explication de leurs malheurs : celle, en général, qu'ils souhaitent entendre. En s'emparant du pouvoir, au mois de juin 1940, le maréchal Pétain prend aussi la parole dans cette France traumatisée par la défaite : « Depuis la victoire, l'esprit de jouissance l'a emporté sur l'esprit de sacrifice. On a revendiqué plus qu'on a servi. On a voulu épargner l'effort, on rencontre aujourd'hui le malheur[56] ». Ce n'est pas plus compliqué que cela. En trois phrases tout est dit. L'analyse semble limpide : la faute est à rejeter sur tous ceux qui ont conduit le pays hors des chemins du courage, de la vérité et de « l'effort ». Les propos du maréchal visent en premier lieu les gouvernements de Front populaire qui auraient selon une légende tenace contribué à la démobilisation des Français et au désarmement du pays au moment crucial où l'Allemagne se préparait activement à la guerre. On sait, au moins depuis le procès de Riom en 1942 et, plus récemment, les travaux de Robert Frank[57], ce que vaut ce type d'argument. A de rares exceptions près, les crédits pour nos armées n'ont fait que baisser jusqu'en 1936. C'est le gouvernement Blum qui inverse la tendance et engage la France dans une politique cohérente de réarmement. Il est certes trop tard, mais le Front populaire ne peut

---

[55] Léon Bloy, *Jeanne d'Arc et l'Allemagne*, Paris, 1915, rééd. in *Œuvres de Léon Bloy*, Paris, Mercure de France, 1969, vol. IX, p.177.
[56] Discours du Maréchal Pétain, cité par Pierre Laborie, *L'Opinion française sous Vichy*, Paris, Points Seuil, 2001, p.231.
[57] Robert Frank, *Le prix du réarmement français*, Paris, Imprimerie nationale, 1980.

être rendu responsable de l'impéritie des gouvernements précédents. Mais peu importe, dans le désarroi de l'année 1940 et dans la bouche du grand soldat qui faisait le « don de sa personne », cette explication apparaissait comme une évidence à laquelle nombre de Français se raccrochaient. Elle avait le mérite d'une certaine cohérence dans un monde qui n'en avait plus guère. Elle servit à faire accepter au plus grand nombre le sabordage de la République et les principes de la Révolution nationale.

L'homme providentiel depuis Thiers est ainsi toujours apparu comme ce pédagogue de la nation en péril. Lui faire confiance, c'est lui reconnaître ce don d'expliquer l'inexplicable, de dire l'indicible, et ensuite de proposer un débouché à la crise. Il n'est pas non plus impossible qu'une certaine concurrence puisse exister. Après tout, en juin 1940, si la figure charismatique de Pétain occupe presque tout l'espace national, on ne peut négliger l'émergence d'un autre sauveur : le général de Gaulle. Lui aussi propose aux Français, encore peu nombreux à l'entendre, une explication de l'incroyable défaite et des perspectives d'avenir. Sa mise en accusation du haut-commandement dans sa conduite de la guerre et des responsables politiques, son refus de l'armistice, sa stratégie de reconquête à partir de l'Empire et des Alliés que sont - ou peuvent être - le Royaume-Uni et les Etats-Unis, paraissent néanmoins encore peu crédibles[58]. Les Français ne se tournent pas spontanément vers ce général réfugié à Londres parce que la plupart ne le connaissent pas encore. Son passage éclair dans le gouvernement de Paul Reynaud, comme sous-secrétaire d'Etat à la Guerre, n'a pas laissé une trace impérissable dans leur mémoire. Qui peut, en juin 1940, rivaliser avec le « vainqueur de Verdun », cette gloire nationale à son zénith[59] ? Inspirer confiance, réclame toujours des titres anciens. Il n'existe donc pas de génération spontanée de sauveur. Thiers, Boulanger, Clemenceau, Poincaré, Doumergue, et même de Gaulle, pour ne citer qu'eux avaient déjà, à des titres divers une plus ou moins longue familiarité politique. Ainsi la pédagogie « providentielle » repose-t-elle sur l'expérience rassurante, frêle

---

[58] Texte de l'appel du 18 juin 1940.
[59] Didier Fischer, *Le mythe Pétain*, Paris, Flammarion, 2002.

esquif rationnel sur l'océan tourmenté de notre imaginaire. Pour autant entre la pensée mythique et la pensée rationnelle la compétition est-elle aussi importante qu'on le pense ?

Les Grecs ne voyaient pas d'incompatibilités entre la science et les mythes. Ils pensaient que ces derniers utilisaient le fictif pour mieux exprimer certaines vérités. Théon d'Alexandrie, au IIe siècle de notre ère, soulignait que « le mythe est un discours mensonger, parce qu'il traduit la vérité en images ». A travers cette traduction, le mythe révèlerait « les structures du réel[60] », selon la formule de Mircea Eliade. En fait, cette compétition entre le discours du logos et le discours du mythos « se résout en plaçant les mythes à l'origine de l'histoire des hommes et de leur science, donc dans une mise en perspective diachronique où situation mythique et situation originelle coïncident[61] ». L'homme providentiel incarne alors ce syncrétisme où se confondent légende et histoire pour jouer un rôle politique de premier plan : celui vers qui se tourne la nation pour qu'il l'aide à dépasser ses difficultés afin de retrouver l'ordre des choses. L'appel au sauveur participe d'une vision profondément conservatrice de la société, une société jugée incapable de trouver en elle les ressources nécessaires à son propre salut.

Le recours à l'homme providentiel est ainsi devenu un phénomène récurrent de notre histoire nationale.

---

[60] Mircea Eliade, *Mythes, rêves et mystères*, Paris, Gallimard, 1957 (Folio-Essais, 2001), p.13.
[61] Frédéric Monneyron, Joël Thomas, op. cit. p.16.

Un phénomène récurrent en France

Une constante de notre histoire

Depuis 1870, le recours à l'homme providentiel est une constante de notre histoire nationale. L'avènement de la démocratie, avec son incarnation républicaine, n'y a pas mis fin. Au contraire, les crises souvent inévitables que traverse le régime conduisent périodiquement le pays à se tourner vers celui que l'on croit apte à prendre la situation en mains, à restaurer l'autorité de l'Etat. La personnalisation du pouvoir apparaît à bien des égards comme la signification du peu de confiance que les Français ont dans leurs institutions. En deux siècles, il n'est pas un pays au monde qui n'ait autant usé de régimes politiques que la France. Cette étonnante instabilité ne coïncide pas toujours avec l'avènement d'un sauveur, puisque ce dernier, après avoir manifesté des velléités de réformes, peut très bien se couler dans le moule républicain déjà en place. Il n'y a guère que Thiers, Pétain et de Gaulle qui transformèrent les institutions. Un seul rompit avec la démocratie pour instaurer un régime autoritaire qui versa ensuite dans la dictature. L'appel au sauveur n'est donc pas toujours incompatible avec l'Etat républicain et démocratique, même si le processus qu'il implique l'en éloigne dans la forme. Pour autant, vue des Etats-Unis ou du Royaume-Uni, notre histoire constitutionnelle fait figure de cas d'école, voire d'aberration à la française. Comment imaginer, au pays où le quatrième mandat du Président Roosevelt fit craindre le pouvoir personnel[62], que l'on puisse comprendre cet abandon de la souveraineté populaire que constitue l'appel à l'homme providentiel ? Comment, au royaume où les monarques ont toujours vu leur pouvoir limité et où le Parlement joue un si grand rôle, ne pas voir dans le cas français une pratique étrange pour un Etat se réclamant de la démocratie ? Il est évident, que parmi les grandes démocraties de la planète, nous avons longtemps fait exception.

---

[62] Pour éviter tout risque, la constitution américaine fut modifiée. Depuis 1945, le Président des Etats-Unis ne peut faire plus de deux mandats (22e amendement).

Notre culture politique, fruit d'une longue histoire où les gouvernants n'ont jamais brillé par leur aptitude au dialogue, explique au moins en partie cet état de fait. Des monarques absolus aux républicains, le peuple a toujours été considéré comme une entité abstraite dont il fallait se méfier. Ce n'est qu'avec une extrême prudence que les voies démocratiques ont été explorées. Il fallut près d'une cinquantaine d'années pour que les principes de la philosophie des Lumières trouvent un débouché politique et un bon siècle pour que s'installe dans la durée un régime politique se réclamant de la « volonté générale ». Le consensus autour de ses institutions n'a d'ailleurs jamais été évident. Les oppositions au régime parlementaire, voire à la République même, se sont longtemps manifestées de l'extrême droite à l'extrême gauche. La stigmatisation de « La Gueuse », chère à Maurras et à l'Action française, n'avait d'équivalent que dans la critique communiste d'un régime au service du capitalisme : la dictature du prolétariat devant à terme renverser la démocratie bourgeoise. Si dans leur ensemble les Français ne répugnent pas au régime parlementaire, ils se satisfont mal d'un parlementarisme privé d'efficacité et de réelle alternance comme ce fut le cas entre 1870 et 1958. Odile Rudelle dans sa *République absolue* a souligné les défats propres au système français : un régime parlementaire inachevé, déséquilibré et, de ce fait, impopulaire[63]. Un régime, longtemps incapable, d'offrir ce qui fait l'essence même du système parlementaire libéral : l'alternance pacifique et régulière de gouvernements républicains politiquement opposés à l'intérieur d'un même cadre constitutionnel[64]. Sans doute, faut-il voir là le fruit d'une histoire particulière qui obligea la France « à assumer le double héritage de la plus longue continuité étatique et de la plus grande rupture politique[65] ». Ainsi la valse-hésitation des républicains libéraux partisans du compromis parlementaire devant le risque de l'appel

---

[63] O. Rudelle, *La République absolue. Aux origines de l'instabilité constitutionnelle de la France républicaine 1870-1889*, Paris, Publications de la Sorbonne, 1986.
[64] Ibid., p.285.
[65] Ibid..

direct au suffrage universel alimenta des années durant un révisionnisme constitutionnel qui pouvait apparaître comme la seule solution possible pour déboucher sur une alternance politique.

L'absence d'une forte cohésion nationale dans le domaine institutionnel ouvre ainsi le chemin lors des crises périodiques à des solutions extérieures à la logique parlementaire. Emerge alors, des profondeurs de notre passé, la figure charismatique de l'homme providentiel. L'appel au sauveur offre dans ce cadre particulier une solution apparente : la réconciliation des antagonismes, par-delà la division droite-gauche, dans la personne d'un héros populaire. La réforme de l'Etat par une refonte profonde des institutions est toujours au cœur de ce processus politique particulier : l'homme providentiel assurant ainsi l'équilibre de forces contradictoires par l'instauration d'une république forte, voire autoritaire. Aux heures difficiles de notre histoire, Thiers, Boulanger, Clemenceau, Poincaré, Doumergue, Pétain, Pinay, Mendès, de Gaulle vont tour à tour incarner ce sauveur. Les affres de la guerre et de la défaite, les crises économiques et de régime permettent que monte vers lui l'appel d'un pays qui s'en remet, dans une confiance qui frôle la cécité, à ses talents. Il serait néanmoins inexact de confondre tous nos sauveurs.

Le type d'accession à cette appellation prestigieuse de sauveur peut varier. Il y a ceux qui ont été l'objet d'un appel plus ou moins orchestré venu du pays et ceux qui ont été reconnu comme tel une fois au pouvoir. Dans la première catégorie, nous pouvons classer des hommes comme Boulanger, Pétain, de Gaulle, et à un degré moindre, Thiers. Dans la seconde, nous trouvons Clemenceau, Poincaré, Doumergue, Pinay, Mendès France. Ces derniers ne bénéficièrent pas de la ferveur populaire avant leur accession ou leur retour au pouvoir. Les voies de la Providence, à défaut d'être impénétrables, peuvent donc être multiples. Prenons deux exemples.

Boulanger ou l'appel au sauveur

Le 14 juillet 1886, un jeune général, sur un superbe cheval noir, bicorne à plumes blanches posé sur le crâne, caracolait en tête du défilé. La foule admirait la prestance du cavalier qui n'était pas n'importe lequel des généraux français. Celui-là s'appelait Georges Boulanger. Il était ministre de la Guerre dans le gouvernement Freycinet et avait contribué lui-même au rétablissement de la revue militaire du 14 juillet. Boulanger n'a pas cinquante ans. Il est né à Rennes en 1837 et a fait ses études au lycée de Nantes où il a croisé Clemenceau, de quatre ans son cadet. Il a été ensuite reçu à l'Ecole militaire de Saint-Cyr. Les champs de bataille du second Empire lui offrent une carrière des plus rapides. L'Algérie, Magenta et la Légion d'honneur à la suite d'une blessure, la Cochinchine et la guerre de 1870 qu'il achève en accédant au grade de colonel. Dix ans plus tard, après avoir participé à la répression de la commune, le voilà général de brigade non sans avoir sollicité à la fois le Duc d'Aumale et Gambetta. Arriviste et cabotin, il se compose un personnage qui a toujours le beau rôle. Général de division en 1884, Boulanger est nommé à la tête des forces d'occupation en Tunisie. Populaire auprès de ses troupes pour ses cavalcades dans les sables et ses poses nationalistes, mais aussi pour sa démagogie : il publie un ordre du jour invitant ses hommes à dégainer en cas d'agressions antifrançaises. Ces rodomontades ne vont pas sans entraîner quelques difficultés diplomatiques avec l'Italie et un conflit personnel avec le résident civil en Tunisie, Paul Cambon. Mais Boulanger a toujours su ménager ses appuis politiques au rang desquels il compte Clemenceau, son ancien condisciple de Nantes. C'est sur les instances de ce dernier qu'il obtient le portefeuille de la Guerre dans le ministère Freycinet. Sa réputation de général républicain avait joué en sa faveur. Clemenceau espérait bien qu'il pourrait contribuer à républicaniser l'armée.

Avec un sens consommé de la mise en scène, le nouveau ministre sait séduire les soldats et l'ensemble de ses compatriotes par des mesures symboliques : les guérites sont repeintes en tricolore, des retraites aux flambeaux sont organisées dans les villes de garnison, des cercles militaires sont créés. En direction des soldats, il fait améliorer l'ordinaire, autorise le port de la barbe et assouplit le régime des permissions. Sa popularité se développe auprès des Français. Pour autant est-elle réellement usurpée ? Boulanger ne s'est pas seulement contenté de quelques gestes symboliques : il introduit le fusil Lebel à répétition, il fait installer le premier service téléphonique aux armées et réorganise le service cartographique... Mais ce sont ses mesures politiques qui auront peut-être le plus de retentissement. Son projet de réforme militaire, voté le 15 juillet 1889, ramène le service militaire de cinq à trois ans en mettant fin aux dispenses diverses, y compris celles des séminaristes. La gauche ne tarit pas d'éloge sur le ministre qui envoie les curés crapahuter sac au dos. Mieux, elle exulte quand, à la suite d'une réception parisienne donnée par le comte de Paris à l'occasion du mariage de sa fille avec le prince héritier du Portugal, il fait rayer des cadres de l'armée tous les princes de sang. Parmi eux se trouve son ancien protecteur, le duc d'Aumale, qui proteste de manière véhémente. Il se voit séance tenante l'objet d'un décret d'expulsion gouvernemental[66]. L'affaire Schnaebelé n'a pas encore éclatée que les premières chansons à la gloire de Boulanger circulent. Paulus, le plus célèbre des chansonniers de l'époque, compose *En rev'nant de la revue*. Le « général Revanche » se profile derrière ces premières ferveurs populaires, et cela d'autant plus que Bismarck parvient à imposer en Allemagne une nouvelle loi militaire destinée à renforcer les armées du Reich. C'est dans ce climat tendu que le commissaire de police de Pagny-sur-Moselle - Schnaebelé - accusé d'espionnage, est arrêté le 20 avril 1887 par les Allemands[67]. Arrestation qui aurait eu lieu selon des témoins sur le territoire français. Boulanger, intransigeant, évoque la mobilisation générale. L'honneur national est en jeu. Après plusieurs jours d'enquête et de ballets diplomatiques, Bismarck finit par relâcher Schnaebelé. Ce qui avait été obtenu par la voie diplomatique est attribué à la fermeté de Boulanger. Le ministre français de la Guerre aurait ainsi fait reculer le chef de l'Etat le plus puissant d'Europe. La cause nationale venait de trouver son

---

[66] Jean Garrigues, *Le général Boulanger*, Paris, Perrin, 1999.
[67] Ibid., pp.84-85.

champion. La popularité de Boulanger était à son zénith. Le boulangisme, qui doit selon Maurice Barrès être interprété « comme une étape dans la série des efforts d'une nation, dénaturée par les intrigues de l'étranger, tente pour retrouver sa véritable direction[68] », inaugurait une de nos plus fortes « fièvres » nationales. Elle prenait les accents d'un appel au sauveur comme le pays n'en avait pas encore connu.

Le recours à Boulanger s'inscrivait dans un contexte particulièrement troublé marqué par un ralentissement de l'activité économique et une crise nationaliste sans précédent. En effet, les années 1882-1883 marquent un retournement de la conjoncture économique. Les faillites de banques et d'entreprises se multiplient. La concurrence des grands magasins vis-à-vis du petit commerce s'intensifie et entraîne un début d'effondrement de son activité. Dans Paris, des boutiquiers par centaines sont ruinés tandis que Le Bon Marché voit son chiffre d'affaires atteindre des records. *Au bonheur des dames* n'est pas seulement un roman à succès de Zola, c'est aussi la peinture d'une certaine actualité sociale transposée dans les dernières années de l'Empire. Face au chômage qui se développe et atteint des sommets jusque là ignorés, la question sociale est posée. Gustave Rouanet dans *La Revue socialiste* réclame une vraie législation du travail sur le modèle de ce qui existe en Allemagne, en Angleterre ou encore aux Etats-Unis. Les grèves éclatent un peu partout. Elles sont souvent longues et dures comme celles des mineurs de Decazeville en 1886 (109 jours) ou celle des métallurgistes de Vierzon en 1887 (257 jours). Au milieu des années 1880, le malaise social est d'autant plus profond que l'Etat ne semble pas réagir. Les Républicains affichent leur impuissance à réaliser la politique sociale attendue. La République ferryste focalise contre elle les oppositions quand s'ajoute au marasme économique une véritable crise nationaliste.

La politique coloniale de Jules Ferry, loin de faire oublier la perte de l'Alsace-Lorraine, suscite l'hostilité des nationalistes. Ces

---

[68] Maurice Barrès, *Le Roman de l'énergie nationale. L'appel au soldat*, in *Romans et voyages*, Paris, Bouquins, Robert Laffont, 1994, p.756.

derniers considèrent qu'elle sert les visées du chancelier Bismarck en éloignant l'armée française de la ligne bleue des Vosges. A leurs yeux, l'expansion coloniale compromettrait la revanche. Paul Déroulède, fondateur en 1882 de La Ligue des Patriotes à laquelle Victor Hugo avait offert son patronage, durcit ses positions. En 1886, il affirme la nécessité de fonder une nouvelle république qui ne serait plus sous la coupe des parlementaires. Une république où le pouvoir exécutif, appuyé sur le suffrage universel, dominerait le jeu institutionnel. Elle aurait ainsi le mérite de supprimer l'instabilité ministérielle qui prenait un tour particulièrement aigu depuis les élections législatives de 1885. En effet, ces dernières n'avaient pas pu dégager une majorité claire. Trois groupes politiques - conservateurs de droite, républicains opportunistes et radicaux - obtenaient sensiblement le même nombre de députés. Aucun ne pouvait donc prétendre exercer le pouvoir sans alliance. Les républicains opportunistes se tournèrent vers les radicaux. En janvier 1886, pour la première fois quatre personnalités radicales, auxquelles il faut ajouter le général Boulanger que le parti radical soutenait, entrèrent au gouvernement. La coalition des radicaux et des opportunistes s'avérait vite d'une extrême fragilité. Entre le renversement du cabinet Ferry en mars 1885 et les élections de l'automne 1889, la durée moyenne des ministères n'excède pas les huit mois[69].

Le système parlementaire est désormais l'objet de nombreuses attaques. Alfred Laisant, député radical, qui rejoignit le général Boulanger, dénonçait en 1887, dans son *Anarchie bourgeoise*, « la pourriture d'assemblée » : « A force de se dépenser en formalités et niaiseries, comme le veut la règle parlementaire, on en arrive à perdre de vue le but et à ne plus se préoccuper que de la machine parlementaire. En second lieu - et c'est le côté le plus grave - la vie en commun dans ce milieu d'agitation stérile a pour effet d'élever comme une sorte de barrière entre le pays et soi. On respire une atmosphère spéciale, on perd de vue les aspirations et les besoins de la démocratie qui vous a élu[70] ». La virulence antiparlementaire

---

[69] M. Winock, *La fièvre hexagonale*..., op.cit., p.110.
[70] Ibid., p.110.

n'est pas l'exclusivité de l'extrême droite. Bien des hommes de gauche dénoncent ainsi l'inefficacité du régime. Les chutes pitoyables des ministères sont souvent interprétées comme autant de manœuvres pour empêcher tout progrès et toute réforme. Mais la république parlementaire n'est pas seulement instable, elle est aussi scandaleuse.

En septembre 1887, avec l'affaire Wilson, débute « la longue chronique de la corruption dont le régime va être régulièrement incriminé[71] ». On découvre alors que le gendre du Président de la République, Daniel Wilson, qui dispose d'un bureau à l'Elysée, se livre à un vaste trafic d'influence. A coup de légions d'honneur, généreusement octroyées, il place les actions des journaux dont il est propriétaire. Le scandale est énorme. Le gouvernement Rouvier n'y survit pas, tandis que le président Grévy est lui aussi contraint à la démission. Les chansonniers s'en donnent à cœur joie : « Pod'vins et compagnie » devient une des rengaines à succès de l'année. Le régime, déjà mal en point, n'est pas seulement raillé, il déchaîne contre lui une hostilité de plus en plus importante. C'est sous la protection de la police que le Congrès se réunit à Versailles pour trouver un successeur à Grévy. Dans le tumulte, Clemenceau réussit à faire élire Sadi Carnot, petit-fils de Lazare, un patronyme républicain incontesté. Cette élection ne change pas fondamentalement la situation. Toute la classe politique est éclaboussée par le scandale des décorations et le régime subit un discrédit profond.

C'est la conjonction des crises économique, sociale et politique qui ouvre la voie à cet appel au général Boulanger. Un appel qui n'a rien de spontané. Il est le fruit du « parti » boulangiste qui s'organise depuis plusieurs mois et qui bénéficie du soutien d'une partie de la presse. Boulanger a atteint une dimension nationale par son passage remarqué au ministère de la Guerre. Il est nécessaire dès lors, pour ses partisans, de vérifier concrètement l'intérêt qu'il peut susciter dans l'opinion publique. En mai 1887, une élection partielle au conseil municipal de Paris donne l'occasion inespérée

---

[71] Ibid., p.111.

de répondre à cette interrogation. *L'Intransigeant*, journal ouvertement boulangiste, préconise à ses lecteurs d'inscrire le nom de Boulanger à côté de celui de l'unique candidat. Le résultat dépasse les espérances : 38 000 électeurs, soit 12% des votants, suivent la consigne. Le phénomène boulangiste est désormais enclenché. La presse, comme nous pouvons le constater, joue un rôle fondamental dans la mobilisation en faveur du général. Il est vrai qu'elle est aidée par des facteurs nouveaux - le suffrage universel, la liberté de la presse et de réunion, l'instruction obligatoire et gratuite, le développement des villes... - qui entraînent l'avènement des masses dans la vie politique. Des titres aussi divers que *La Justice* de Clemenceau, *Le Mot d'ordre*, *L'Evénement*, *Le Cri du peuple*, *L'Intransigeant* prennent fait et cause pour « la boulange » ou « Boulboul » comme certains l'appellent déjà familièrement. La popularité du général fait ombrage au gouvernement. Aussi le nouveau ministère décide-t-il en juillet 1887 de le muter à Clermont-Ferrand. Pour rejoindre son commandement, Boulanger est tenu de prendre son train, le 8 juillet, en gare de Lyon, mais La Ligue des Patriotes ne l'entend pas de cette oreille. Elle organise dans la gare parisienne une manifestation qui réunit plusieurs milliers de personnes bien décidées à empêcher ce départ. Si l'ambiance est festive, la détermination des participants n'en est pas moins évidente. On crie, on chante. Des volontaires vont jusqu'à faire barrage de leur corps en s'allongeant sur les voies. Un tel déchaînement des passions surprend les autorités publiques. Boulanger est contraint de se dissimuler pour monter dans une locomotive qui l'attend à l'extérieur de la gare afin de le conduire jusqu'à Villeneuve-Saint-Georges d'où il pourra enfin prendre la direction de Clermont-Ferrand. La folle soirée de la gare de Lyon révèle la ferveur populaire que suscite le personnage. Clemenceau, inquiet par ces démonstrations dans lesquelles il devine la possibilité d'un pouvoir personnel, lui retire dans *La Justice* du lendemain toute forme de soutien et trois jours plus tard, à l'Assemblée, il exprime son irritation face à cette popularité à laquelle il n'était pas entièrement étranger : « La question Boulanger, c'est un malheur, c'est notre malheur à tous. J'ai blâmé de la manière la plus formelle les manifestations qui ont eu lieu. Je les désapprouve. Cette popularité est venue trop vite, à quelqu'un qui aimait trop le bruit, ou, pour être plus juste, qui ne le fuyait pas assez. Car cette popularité, c'est la nôtre, c'est celle que nous aurions dû avoir, que le Parlement républicain a toujours refusée, depuis que nous sommes maîtres du pouvoir. On nous l'a volée, cette popularité[72] ». De son « exil » clermontois, Boulanger ne se fait pas oublier. Il organise de nombreuses escapades à Paris pour entretenir la flamme de ses partisans et rencontrer, en plus de sa maîtresse, ses principaux bailleurs de fonds au rang desquels figure la duchesse d'Uzès qui n'hésite pas à mettre à sa disposition une partie de sa fortune.

La popularité du général est à son zénith. Sans mot d'ordre particulier, en février 1888 lors d'élections législatives partielles dans sept départements, Boulanger qui n'est pas candidat recueille 55 000 voix en tout. Georges de La Bruyère, journaliste et ami de Séverine[73], lance *La Cocarde*, un journal qui se dit ouvertement « organe boulangiste ». Le succès est immédiat. Il semble désormais que rien ne pourra plus arrêter Boulanger dans son ascension vers le pouvoir. Cela d'autant plus que le Président de la République signe le 17 mars le décret de sa mise en non-activité. Ce qui l'incite à présenter sa candidature aux élections législatives partielles qui ont lieu le 25 mars dans les départements de l'Aisne et des Bouches-du-Rhône. Il remporte haut la main le premier scrutin avec 45 000 voix contre 25 000 au candidat conservateur Jacquemard et 17 000 au candidat républicain Doumer. Cependant, encore inéligible, il ne peut siéger. Ce n'est que le lendemain, mis officiellement à la retraite, qu'il a désormais toute latitude pour se lancer dans l'aventure politique. Ce choix ne fait pas forcément l'unanimité dans son entourage : certains pensant qu'il devrait se tenir au-dessus du jeu parlementaire[74]. Mais qu'importe, il écume désormais les

---

[72] Jean Garrigues, op.cit., p.99.
[73] De son vrai nom, Caroline Rémy. Cette dernière avait pris la direction du journal *Le Cri du peuple*, après la mort de son fondateur Jules Vallès en 1885.
[74] Maurice Barrès, op.cit., p.812.
« Roemerspacher haussa les épaules ».

élections partielles remportant succès sur succès, notamment dans le Nord, en Dordogne, dans la Somme, en Charente-Inférieure, et surtout, après une campagne acharnée sur le thème de la révision constitutionnelle, le 27 janvier 1889 à Paris, où il bat le candidat des républicains unis pour la circonstance, Jacques. Le duel entre ce dernier et Boulanger a déchaîné les passions. Au fur et à mesure que sont connus les résultats, une foule impressionnante se presse devant les immeubles des journaux. On y chante la Marseillaise, on y improvise des slogans en faveur du général. Attablé dans un restaurant de la place de la Madeleine avec son état-major, quelques uns le pressent de marcher sur l'Elysée jugeant, dans l'euphorie de la victoire, que le pouvoir n'est plus qu'à ramasser. Mais Boulanger répugne au coup d'Etat. Il pense que lors des élections générales de septembre, c'est le pays dans son unanimité qui se tournera vers lui. C'était sous-estimer la contre-offensive républicaine.

Ernest Constans, ministre de l'Intérieur du gouvernement Tirard, va s'employer à briser l'icône. Il lance des poursuites contre les dirigeants de La Ligue des Patriotes, dissoute pour délit de société secrète, et fait courir le bruit d'une arrestation imminente du général. Celui-ci pour y échapper s'enfuit en Belgique le 1er avril et gagne ensuite Londres. Le prestige du héros est atteint tandis qu'il est jugé et condamné par contumace à la déportation dans une enceinte fortifiée pour complot contre la sûreté de l'Etat et pour avoir à cette fin détourné des deniers publics. Ceux qui attendaient de Boulanger la « réfection nationale » en furent pour leurs frais. Après la mort de sa maîtresse, le général éploré se suicidait sur sa tombe.

Le sauveur n'était pas à la hauteur de son mythe et le boulangisme demeurait « un phénomène inachevé, selon le mot de Michel Winock, puisqu'il n'a pu révéler sa nature profonde dans un

---

- Il devrait rester dans l'armée, ou, du moins, à tout prix, en disponibilité. Au moins il était inéligible. S'il entre à la Chambre et s'il affiche un programme, quelle diminution! Il deviendra un simple appoint au milieu des autres partis et commencera de jouer ce même jeu parlementaire dont le dégoût jette la nation vers lui ».

pouvoir d'Etat[75] ». Ce mouvement de protestation, dans lequel on peut voir une forme de révolte des exclus contre la République parlementaire, est socialement et politiquement composite. Nous trouvons des éléments de toutes les catégories sociales - des ouvriers aux chefs d'entreprise - tandis que le spectre politique de l'extrême gauche à l'extrême droite y est représenté. Pourtant la donnée populaire doit être prise en considération. Elle constituait dans bien des régions l'assise du mouvement : « Il y a un boulangisme des faubourgs et des corons du Nord, comme il y a un boulangisme des paysans et des bourgeois conservateurs[76] ». Cela est d'ailleurs le propre de tout appel à l'homme providentiel, dont la figure charismatique dépasse les clivages sociologiques et politiques.

Si le cas Boulanger est exemplaire pour notre démonstration, il peut être aussi réducteur. Clemenceau, qui refusait la Providence, incarne malgré tout un autre type de sauveur propre à notre histoire politique. Celui qui se découvre tel une fois son accession au pouvoir effectuée. Celui que le peuple reconnaît dans l'exercice gouvernemental et auquel il s'identifie sans jamais l'avoir appelé.

Clemenceau, sauveur malgré lui ?

Clemenceau dans la boue des tranchées, Clemenceau dans les ruines des villes bombardées, Clemenceau véhément à la tribune de la Chambre, Clemenceau partout, inlassable lutteur, terrassant l'hydre germanique. Les images s'accumulent du « père la victoire » ou du « Tigre », c'est selon. Toutes évoquent cette détermination quasi-surnaturelle de l'homme qui force la confiance et l'admiration des Français. Ce vieillard magnifique et toujours vert semble porter en lui le destin de la guerre et, par là même, celui du pays. Les maladies dont il souffre - diabète et fragilité pulmonaire - n'ont qu'à bien se tenir. Il n'a pas le temps de douter comme il l'affirme si bien : « La Russie nous trahit, je continue de faire la guerre. La malheureuse Roumanie est obligée de capituler,

---

[75] M. Winock, op. cit., p.134.
[76] M. Winock, op. cit., p.101.

je continue de faire la guerre, et je continuerai jusqu'au dernier quart d'heure, car c'est nous qui aurons le dernier quart d'heure[77] ». Il représente dans cette année 1917, l'ultime chance d'une victoire française en prenant en main d'une manière énergique la direction de la guerre, « cette chose trop sérieuse pour la confier à des militaires ». Si Clemenceau n'a probablement jamais prononcé ce bon mot, il ne faut pas oublier que jusqu'à ce jour de l'année 1917 où Poincaré se résout à faire appel à ses services les différents chefs de gouvernement n'avaient guère brillé par leur autorité. Le GQG, notamment sous le commandement de Joffre, avait pesé de tout son poids sur la direction des combats. Clemenceau, qui n'entend pas se laisser dicter ses décisions par les militaires, inaugure un nouveau style de gouvernement fondé sur l'autorité et la responsabilité du politique. Il n'en faut pas plus dans le contexte dramatique de l'année 1917 pour raviver dans cette France désemparée ce mythe du sauveur.

Nul appel pourtant n'est monté du pays en direction de Clemenceau. Ce qui ne veut pas dire que ce dernier était un inconnu pour les Français. Au contraire, à 76 ans, il avait déjà une longue carrière derrière lui et une notoriété qui n'était plus à faire. Maire de Montmartre sous la Commune, tombeur de ministères et éternel opposant de 1871 à 1893, journaliste et écrivain, patron de presse, président du Conseil de 1906 à 1909, Clemenceau, avant même son retour au pouvoir le 15 novembre 1917, est bien une figure centrale et exceptionnelle de la vie politique française. Né républicain, en plein bocage vendéen, il consacre sa vie à la défense de la République et au refus de l'injustice. Ni collectiviste, ni révolutionnaire, il refuse le socialisme en expliquant qu'il est « pour la liberté intégrale » et qu'il ne « consentirait jamais à entrer dans les couvents et dans les casernes [78] ». Il a abandonné la violence dont il était partisan sous l'Empire. Hostile à la peine de mort, sauf pour les traîtres pendant la guerre, il « travaille à l'évolution pacifique vers le progrès et la réforme sociale[79] ». Loin de tout

---

[77] A la Chambre, le 8 mars 1918.
[78] Cité par Jean-Baptiste Duroselle, *Clemenceau*, Paris, Fayard, p.182.
[79] Ibid., p.190.

dogmatisme, ce laïc fervent est aussi un défenseur de la liberté de l'enseignement. Sa philosophie politique pourrait se résumer en deux mots : action et liberté. Passionné, orgueilleux, entier, d'une lucidité souvent terrible sur les hommes, il ne bénéficiait que de rares partisans parmi les parlementaires. Seules, quelques personnalités influentes, au rang desquelles se trouvaient Georges Leygues, Jules Jeanneney, Léon Bourgeois, Louis Barthou, le soutenaient volontiers[80]. C'est pourtant des milieux parlementaires qu'apparut en septembre 1917 l'idée de faire appel à Clemenceau. Georges Bonnefous, député de Seine-et-Oise, nous en livre un témoignage précieux. A la suite d'une intervention de Painlevé à la chambre, le député radical-socialiste et ancien sous-secrétaire d'Etat dans le ministère Clemenceau de 1906-1909, Simyan, s'adressa en ces termes à Bonnefous : « Croyez-vous que cela puisse durer encore longtemps comme cela ? Je lui répondis : « Certainement non ! - Alors que penseriez-vous d'un ministère Clemenceau ? - Je vous dirais oui tout de suite, lui répondis-je, si je ne redoutais les sautes d'humeur et les fantaisies dont il est parfois capable. » Il reprit : « Allez donc causer avec lui comme l'ont déjà fait plusieurs députés républicains progressistes de votre groupe[81] ». Ce que s'empressa de faire Bonnefous. Pendant ce temps, Clemenceau, qui ne voyait d'issue au conflit que dans la victoire, bataillait contre tous ceux qui cherchaient avec l'Allemagne une solution négociée[82]. Le Tigre fustigeait, notamment dans son discours au Sénat du 22 juillet 1917, cette attitude la qualifiant de pacifisme, quand ce n'était pas de défaitisme et de trahison. Il s'en prenait à nombre de personnalités en vue : le député Turmel, le sénateur Charles Humbert, l'ancien président du Conseil Joseph Caillaux. Mais celui qui subit le plus les attaques de Clemenceau fut le ministre de l'Intérieur Malvy, accusé de n'avoir jamais fait arrêter

---

[80] Ibid., p.621.
[81] Cité par J.B. Duroselle, op.cit. p.622.
[82] Clemenceau avait été hostile à toutes les tentatives de paix « publiques » : celles du président Wilson en décembre 1916, celle du pape Benoît XV en août 1917 et celles des socialistes. Il n'avait jamais été mêlé aux négociations secrètes, comme celle des princes Sixte et Xavier de Bourbon-Parme auprès de leur beau-frère l'empereur Charles Ier.

les espions et d'avoir ainsi trahi les intérêts de la France. Face à ce flot d'accusations, le ministre finit par démissionner. Ces interventions de Clemenceau rencontrèrent un certain écho dans l'opinion publique. Berta Zuckerkandl écrivait, le 25 septembre 1917, de Berne, à un ami : « La situation de Georges en France est toute-puissante. Depuis son prodigieux discours au Sénat, qui a renversé Malvy, puis Ribot, c'est l'homme sur lequel tout le monde compte[83] ». Pourtant Clemenceau n'est pas candidat au pouvoir, tout au moins dans les formes habituelles. Depuis des mois son entourage lui conseillait d'adopter à l'égard du président Poincaré, qu'il n'estimait guère, une attitude plus conciliante. Jean Martet, son secrétaire depuis 1915, lui faisait remarquer que le président de la République n'attendait qu'un signe de lui. Et le Tigre de s'exclamer : « Non, Martet (...). Je ne ferai pas ce signe. Prenez-en votre parti. Je ne le ferai pas pour cette raison que, loin de rechercher le pouvoir, comme tous ces braves gens, j'en ai peur. J'en ai une peur atroce! Je donnerai tout pour y échapper! D'abord, regardez-moi et constatez que je suis foutu : soixante-seize ans, pourri de diabète. (...) Secundo, je ne suis pas très sûr qu'au point où nous en sommes, nous puissions nous tirer de là ». Et si Poincaré lui offrait le pouvoir : « J'accepterai. On ne peut pas refuser le pouvoir. Mais je ne l'aurai pas cherché. On n'aura rien à me reprocher : pas un clignement d'œil, pas un appel du pied. Ensuite, le pouvoir qu'on m'offrira aura ceci de spécial et de nouveau que ce sera le pouvoir - le vrai[84] ».

Pour Clemenceau, le bon pouvoir n'est pas celui qu'on sollicite, mais celui qu'on vous offre. Cette conception cicéronienne repose chez lui sur un ego démesuré associé à un sens de l'Etat hors du commun. Il n'est pas question pour lui de mettre en scène son accession à la tête du gouvernement. Il n'hésite d'ailleurs pas à décourager systématiquement toute forme orchestrée de mouvement d'opinion en sa faveur. Ses partisans n'ont qu'à ronger leur frein. Cela est d'autant plus vrai que le président de la République, avant

---

[83] Ibid., p.624.
[84] Jean Martet, *Le silence de M. Clemenceau*, Paris, Albin Michel, 1929, p.23-24.

d'appeler Clemenceau à former un nouveau gouvernement, se livra à de nombreuses consultations[85]. Preuve, s'il en est, que sa nomination n'allait pas de soi tant le personnage était controversé dans les hautes sphères de l'Etat. L'opinion publique, en dépit d'une évidente sympathie pour le franc parlé et la détermination patriotique du vieillard, restait elle aussi divisée. Pourtant à en croire le journal de Poincaré, ce dernier n'était pas a priori hostile à un ministère Clemenceau. Sans réellement le souhaiter, il pouvait toutefois s'y résoudre comme il l'écrit le 3 octobre 1916 : « L'heure sonnera bientôt où je serai dans l'obligation de mettre à la tête du gouvernement un homme qui sacrifiera tout à la guerre et qui saura vouloir. Fût-il Clemenceau, fût-il mon pire adversaire, je l'appellerai pour l'action[86] ». Treize mois devaient s'écouler avant que Poincaré ne franchisse le pas. Ne choisira-t-il pas, après le départ de Briand, Ribot, puis Painlevé, plutôt que Clemenceau ? Voyait-il dans Ribot ou Painlevé des hommes prêts à tout sacrifier à la guerre ? Probablement pas. Il fallait seulement convaincre nombre de parlementaires qu'il n'y avait plus d'autre choix possible que d'appeler le Tigre à la tête du gouvernement.

Le retour au pouvoir de Clemenceau est assez éloigné des canons classiques de l'appel au sauveur. La ferveur populaire reste discrète. Si certaines personnalités pensent en 1917 qu'il est l'homme de la situation, les oppositions sont nombreuses. Il est vrai qu'il ne fit rien pour encourager un quelconque courant d'opinion en sa faveur. Ce pouvoir, il le veut pour lui même et refuse la dépendance que ne manquerait pas d'occasionner un « parrainage » puissant. Il croit dans la liberté individuelle plus que dans toute force collective, à l'exception peut-être de celle de la nation. L'histoire, pour Clemenceau, se fait à partir de la volonté de quelques hommes qui entraîne les autres. Dès lors, il ne refuse ni le pouvoir, ni l'identification au sauveur, il veut seulement rester maître du moment, de l'heure et ne dépendre d'aucune coterie. En bref, être sûr que l'on fait bien appel à lui pour ses aptitudes à gouverner. Il y

---

[85] Voir à ce sujet la mise au point de J.B. Duroselle, op.cit., pp.625-632.
[86] Raymond Poincaré, *L'Année trouble*, 3 octobre 1916, p.3, cité par J.B. Duroselle, op.cit., p.625.

a dans l'attitude ombrageuse du chef de quoi forger un mythe. Le nom de Clemenceau est aujourd'hui étroitement associé à la victoire de 1918, au règlement du conflit et au style de gouvernement qu'il imposa pendant deux ans. Qui se souvient de son long passé politique, qui précéda son accession au pouvoir du 15 novembre 1917, tant son action résolue jusqu'à la victoire entra ensuite dans la légende ? Le Tigre devenait pour des générations de Français : le « père la victoire ». Ces deux mots - « père » et « victoire » - définissent d'ailleurs à eux seuls le sauveur. Si le premier peut-être compris dans son acception affectueuse pour ce vieillard énergique, il est surtout l'expression de cette confiance qu'il inspira aux Français. Ces derniers s'en remirent à lui comme des enfants en difficulté s'en remettent à leur père en cherchant cette main aimante mais ferme pour les guider. Le second concrétise ce passage réussi du malheur achevé au rétablissement spectaculaire. Le sauveur a accompli son œuvre. Il n'a pas trahi la confiance qu'on lui portait. La victoire l'atteste. Aussi peut-il désormais entrer dans le panthéon des gloires nationales. Cette reconnaissance ne préjugeant nullement du sort que lui réservera la postérité : de l'oubli à l'indignité, le spectre peut être vaste.

Toujours est-il, si l'appel au sauveur est une constante de notre histoire politique, si ce recours peut prendre des aspects différents, force est de constater qu'il n'existe pas de génération à proprement dite spontanée de sauveur.

La carrière du sauveur

L'appel au sauveur n'est pas un acte entièrement irrationnel ou, plus précisément, l'irrationnel a sa part de rationalité. Jamais les Français ne se tournèrent vers un inconnu. Ils veulent bien succomber au charisme de l'homme providentiel mais à une condition : qu'il ait de sérieuses références. Une belle et longue carrière politique ou militaire est un atout indispensable pour sauver la patrie en danger. A moins de cinquante ans, il est difficile de faire un sauveur crédible. Il faut l'expérience et le prestige dont la jeunesse est dépourvue. La candeur et la beauté juvénile d'une

Jeanne d'Arc sont passées de mode. La confiance d'un peuple se mesure au nombre de rides, de galons ou de portefeuilles ministériels accumulés tout au long d'une vie qui touche à sa fin quand le sauveur accède au pouvoir. Il est général ou maréchal, ancien ministre ou ancien président du Conseil. Honoré à maintes reprises par la République, quand il ne l'a pas présidée lui-même comme ce fut le cas pour Poincaré et Doumergue, le sauveur ne peut donc revêtir qu'une pourpre…républicaine. Marianne peut ainsi s'abandonner dans ses bras sans craintes apparentes. L'exemple achevé demeure celui du maréchal Pétain.

Couvert d'honneur et de gloire, c'est un véritable mythe qui accédait en pleine défaite de la France à la tête du gouvernement. Un mythe qui avait construit sa popularité sur le tard grâce à la Première Guerre mondiale et à une bataille - Verdun - dont il ne fut même pas le vainqueur officiel, puisqu'il avait été relevé de son commandement en avril 1916 alors qu'elle prit fin en décembre. Peu importe, au regard de l'opinion, avec des formules comme « le feu tue », « ils ne passeront pas » ou encore « courage, on les aura », avec une science consommée de l'organisation tactique à défaut d'une véritable vision stratégique, avec une compréhension humaine des difficultés des soldats et une presse souvent dithyrambique à son égard, le général Pétain entrait de son vivant dans la légende. Il pénétrait ainsi pour longtemps l'imaginaire des Français. Après l'échec des grandes offensives d'avril 1917 dirigées par le général Nivelle, il prenait le commandement en chef de l'armée française et mettait fin aux mutineries qui avaient éclaté à la suite des pertes humaines massives sur le Chemin des Dames. S'il mesurait d'une manière excessive le poids de la propagande pacifique dans le mouvement de 1917, il n'en comprenait pas moins les revendications des soldats qui étaient « dans un état d'extrême lassitude physique et morale, et prêts, si on les y pousse, à étaler des souffrances que l'esprit de discipline leur avait fait supporter en silence jusqu'à ce jour[87] ». Aussi imposa-t-il avec fermeté, mais aussi avec humanité sa solution qui passait, certes par la punition

---

[87] Philippe Pétain, *La Crise morale et militaire de 1917* (note préliminaire d'Alfred Conquet), Paris, Nouvelles éditions latines, 1966, p.39.

des principaux meneurs[88], mais aussi par la suppression des offensives inutiles, par le rétablissement du système des permissions et des repos, par l'amélioration de l'ordinaire du soldat. La popularité du général en sortit renforcée quand, à la fin de la guerre, fut connu cet épisode dramatique du conflit. En 1918, auréolé d'un prestige que seuls Joffre ou Foch, peuvent lui contester, le maréchal Pétain atteint le statut de héros national. Il entre au Conseil supérieur de la Guerre dont il assume la vice-présidence - la présidence étant réservée au ministre -, il sera à ce titre l'un des principaux responsables de la politique militaire de la France dans l'entre-deux-guerres. Il impose sa vision défensive qui s'incarnera dans la ligne Maginot dont il surveillera minutieusement la réalisation. Le maréchal est très sollicité. Il parcourt la France et honore nombre de cérémonies et de dîners en ville de sa charismatique présence. Cela peut être l'occasion de dire ce qu'il pense sur les sujets de défense, mais aussi d'éducation, comme ce fut le cas, le 3 décembre 1934, lors du banquet de La Revue des deux mondes. La maison de Buloz accueillait le chef de guerre, celui que le Duc de La Force présenta en citant l'un des plus fameux vers de Corneille : « Ton nom sert de rempart à toute la Castille[89] », mais encore l'homme du « redressement moral » de 1917. Pétain, ainsi mis en confiance, devant un auditoire prestigieux et conquis où figuraient des personnalités telles que Millerand, Claudel, Weygand ou encore Monseigneur Baudrillart et l'ancien préfet de Paris Chiappe, pouvait se livrer, sans guère de retenue, à une attaque en règle contre le système d'éducation nationale qu'il juge aux mains des instituteurs communistes.

Philippe Pétain aimait les honneurs. Le pays n'en fut pas avare à son égard. La réception, qui suivit son élection à l'Académie française au fauteuil de Foch, décédé en 1929, en témoigne. Comme

---

[88] Trois mille quatre cent vingt-sept condamnations furent prononcées (soit 10% des mutins), parmi lesquelles cinq cent cinquante-quatre peines de mort, mais seulement quarante-neuf furent exécutées. Voir à ce sujet l'ouvrage magistral de Guy Pedroncini, *Les Mutineries de 1917*, Paris, PUF, 1967.

[89] *Le Petit Journal*, 4 décembre 1934.

une ultime reconnaissance, la société française saluait en janvier 1931 son arrivée dans le cercle restreint des habits verts. Cette intronisation, véritable cérémonie du souvenir, fonctionnait selon André Rousseaux comme un « honneur rendu à l'un des vainqueurs de la guerre[90] ». La presse parisienne décrivait cette séance, telle une apothéose exceptionnelle qui ajoutait au prestige même de l'Académie. La foule des grands jours se bousculait : « Femmes en manteaux de fourrure, habits brodés de vert, tuniques bleues timbrées des étoiles d'argent, fronts de penseurs, profils de diplomates, figures connues et reconnues. Le manteau rouge du cardinal, le manteau violet de l'évêque attirent les regards[91] ». Dehors, des queues de Parisiens à la recherche d'une place sous la coupole s'étaient constituées dans le petit matin frileux. Puis vers 13 heures, ce fut le bal des voitures officielles aux environs du palais. Elles formèrent bientôt « des batteries imposantes dans toutes les cours, devant la rotonde et sur les quais jusqu'à l'hôtel de la Monnaie[92] ». Le Tout-Paris était donc réuni pour cet hommage au maréchal Pétain. Hommage qui résonnait un peu comme le dernier, comme le point d'aboutissement de la reconnaissance des Français. Cette réception à l'Académie avait toute les apparences d'un enterrement grandiose, où chacun écouta dans un silence presque religieux ce vieil homme à l'apogée de sa gloire faire « l'éloge » du maréchal Foch. Un seul quotidien, *L'Œuvre*, signala que ce discours fut sur plus d'un point un réquisitoire sans appel de l'action de Foch[93]. Ne traçait-il pas le portrait d'un général imprégné jusqu'à l'absurde par la doctrine napoléonienne ? L'impétrant avait la rancune tenace. La rivalité avec Foch sur la stratégie à adopter pour gagner la guerre n'était pas éteinte. Il continuait de penser que c'était la défensive qui avait permis de tenir en attendant l'arrivée des troupes américaines. L'offensive avait à ses yeux plutôt compromis les chances du pays que préparer la victoire. Le maréchal n'entendait donc pas céder la moindre parcelle de gloire.

---

[90] *Le Figaro*, 23 janvier 1931.
[91] *Le Petit Journal*, 23 janvier 1931.
[92] *L'Echo de Paris*, 23 janvier 1931.
[93] *L'Œuvre*, 23 janvier 1931.

La victoire, c'est lui. Il est vrai qu'après les morts de Foch et de Joffre, il était plus difficile d'aller contre sa version des faits. A défaut d'être le grand vainqueur de la guerre de 1914-1918, il demeurait le seul survivant des trois. Si le pays ne s'était pas enfoncé dans une crise sans précédent, Pétain et son mythe s'en seraient allés sur cette pente douce d'une popularité sans avenir.

D'abord politique et culturelle, avant d'être économique, la crise brouilla en quelques années tous les repères établis patiemment par plusieurs décennies d'action républicaine et installa un tel climat de confusion qu'il devenait de plus en plus difficile de déchiffrer la complexité du réel. La décadence est désormais à l'ordre du jour et le progrès devient la source de toutes les angoisses. Nombreux sont ceux, parmi les intellectuels, qui refusent de voir mourir cette France traditionnelle, ancrée dans les valeurs rurales et artisanales, au profit d'une modernité urbaine et industrielle qui tend à s'imposer. Les écrivains Georges Duhamel ou Paul Valéry dressent de véritables réquisitoires contre une évolution du monde dont ils craignent le pire à très brève échéance[94]. Le chaudron des peurs est ainsi porté à ébullition quand la conjoncture économique se retourne et que le chômage gagne du terrain. L'antisémitisme, la xénophobie et le pacifisme se renforcent. Il est l'heure de dépasser le libéralisme et le socialisme, clame-t-on dans les jeunes générations qui donnent naissance à une myriade de revues alimentant, souvent dans « le grand désordre des esprits » cette recherche d'une vérité introuvable. Pacifisme et violence se conjuguent alors dans cette alliance explosive des contraires et la République s'en trouve à maintes reprises remise en question. L'instabilité parlementaire est à son apogée et paralyse l'action politique. Les ligues, ces associations à caractère politique ou corporatif, sonnent la charge contre ce parlementarisme honni et scandaleux à l'image de l'affaire Stavisky. Cette dernière empoisonne un peu plus l'atmosphère politique et devient alors une

---

[94] G. Duhamel, *Scènes de la vie future*, 1930. P. Valéry, *Regards sur le monde actuel*, 1931.

véritable « tornade politique[95] ». Les protestations se multiplient et la manifestation meurtrière des ligues le 6 février 1934, place de la Concorde, marque une escalade supplémentaire dans ce rejet du régime obligeant l'éphémère gouvernement Daladier à la démission. C'est dans ce climat délétère que le nouveau président du Conseil Gaston Doumergue, à la recherche de l'union nationale offre au maréchal Pétain le portefeuille du ministère de la Guerre. Si le maréchal ne laissa pas un souvenir impérissable à ce poste en dépit d'un certain nombre d'efforts pour tenter de défendre et d'augmenter un budget militaire insuffisant pour assurer la défense du pays[96], son passage n'en fut pas moins remarqué. Il devenait pour nombre d'observateurs un recours politique possible. Du héros national au sauveur, il n'y avait qu'un pas. Sa charge ministérielle le lui faisait franchir. « C'est Pétain qu'il nous faut » devint à partir du milieu des années trente un refrain souvent entonné de la droite à la gauche[97]. Quand, après les accords de Munich et le démantèlement de la Tchécoslovaquie, l'économie d'un conflit avec l'Allemagne devint impossible, le gouvernement français qui souhaitait à tout prix éviter un troisième front avec l'Espagne fit une nouvelle fois appel au maréchal en lui confiant l'ambassade en Espagne. Le général Franco, après une guerre civile de près de trois années, venait de s'installer solidement au pouvoir. Il était nécessaire pour les Français de tenir compte de cette donnée et de faire preuve de réalisme politique en nouant des relations diplomatiques avec l'Espagne nationaliste. Les accords Bérard-Jordana, signés le 25 février 1939 entre le représentant de la France et celui de l'Espagne, marquèrent le rapprochement des deux pays, et ouvraient la voie à une représentation française en Espagne. Les deux gouvernements y affirmaient entre autres leur volonté d'entretenir des relations amicales, de vivre en bon voisinage et de pratiquer au Maroc une politique de franche et loyale collaboration.

---

[95] Olivier Dard, *Les Années trente. Le choix impossible*, Paris, Le Livre de poche, 1999.
[96] Guy Pedroncini, *Pétain. Le soldat (1914-1940)*, Paris, Perrin, 1998, pp.425-430
[97] D. Fischer, op. cit.

La France s'engageait aussi sans contrepartie à rendre tous les avoirs espagnol en sa possession (or, armes et matériel, bétail, une partie de la flotte marchande et de pêche, une partie du patrimoine artistique espagnol exporté depuis le 18 juillet 1936, début de la guerre civile espagnole). En dépit des critiques de la presse de gauche, qui jugeait que c'était faire trop d'honneur que d'envoyer le vainqueur de Verdun auprès du général Franco[98], ce choix de Daladier était plutôt avisé. Il fut d'ailleurs très favorablement accueilli en Espagne où la popularité du maréchal ne laissait pas indifférent[99]. Par ailleurs, Pétain connaissait bien Franco pour avoir combattu avec lui, en 1924, lors de la guerre du Rif. Les deux hommes s'estimaient plutôt et, entre militaires, ils réussiraient peut-être plus facilement à se comprendre. Daladier pensait aussi que cette nomination ne passerait pas inaperçue. En envoyant en Espagne le maréchal Pétain, la France prouvait sa bonne volonté et l'intérêt qu'elle mettait dans le rétablissement des relations diplomatiques avec ce pays. Georges Bonnet, ministre des Affaires étrangères, définissait clairement la mission du maréchal dans une lettre à ce dernier : « J'en profite pour vous remercier encore d'avoir bien voulu accepter la mission qui vous a été confiée. Elle a pour moi une importance capitale. Si nous pouvons éviter que

---

[98] C'est notamment le cas du journal de la SFIO, *Le Populaire*. Léon Blum y écrit dans l'édition du 3 mars 1939 : « Un tel ambassadeur juche tout de même un peu haut l'apprenti dictateur auprès de qui on l'accrédite. Le plus noble, le plus humain de nos chefs militaires n'est pas à sa place auprès du général Franco quand hier encore les divisions chocs italiennes défilaient en tête de la parade de Barcelone, quand on doit redouter pour demain, dans toute l'Espagne conquise, la plus atroce répression ».

[99] Le 4 mars, une dépêche de Burgos émanant du chroniqueur officiel à Radio-Nationale, reprise par l'ensemble de la presse parisienne, traçait du nouvel ambassadeur le portrait suivant : « (...) le maréchal Pétain, personnalité d'une grande valeur peut-être la plus grande du haut commandement français. Soldat remarquable à la carrière magnifique, il collabora intelligemment avec notre armée (...). Le maréchal Pétain n'est pas seulement une grande figure militaire, mais aussi un homme aux fermes convictions conservatrices dont la vie n'est que pondération et droiture à tous points de vue (...). L'un des personnages les plus distingués de la France et de son armée ».

l'Espagne ne se joigne à nos ennemis au cours des trois ou quatre mois qui viennent, vous aurez gagné la partie[100] ». Pétain veilla à la bonne exécution des accords Bérard-Jordana. Un climat de confiance s'était progressivement installé entre les deux pays et l'Espagne adopta face au conflit européen, qui allait devenir mondial, une position de neutralité. Nombre d'observateurs pensèrent que le mérite en revenait au vainqueur de Verdun[101]. Cependant il semble bien que les nouveaux rapports entre l'Espagne et la France n'aient guère pesé dans la décision de neutralité adoptée par Franco, contre le désir même d'Hitler. C'était une Espagne exsangue qui sortait de la guerre civile. Une Espagne qui ne pouvait manifestement subir les affres d'une nouvelle guerre avant la reconstruction d'un potentiel économique et l'acquisition d'une relative stabilité sociale. L'âpreté avec laquelle le gouvernement espagnol réclamait ses avoirs bloqués en France en témoigne. Le gouvernement Daladier en renouant avec éclat faisait une mauvaise appréciation de la situation. Il n'y avait pas de danger espagnol imminent. Le rôle joué par Pétain en Espagne était sans objet, et par conséquent n'eut pas l'importance historique que nombre de contemporains ont cru bon lui donner. Il ne servit en définitive, mais c'est essentiel pour notre propos, que l'image mythique du maréchal, celle de l'homme des situations difficiles.

Chargé d'ans et de gloire, après une longue carrière militaire et une incursion remarquée dans l'univers politique à partir du milieu des années trente, le maréchal Pétain acceptait le 16 mai 1940 de Paul Reynaud, après l'avoir refusé en septembre 1939 de Daladier, le poste de ministre d'Etat et de vice-président du Conseil. Reynaud faisait appel à la dimension symbolique de l'homme de Verdun. Son rôle était donc essentiellement honorifique. Il n'avait aucun

---

[100] A.N. AG II 3, G. Bonnet à Pétain, 29 avril 1939.
[101] AG II 3, des Vallières à Pétain, le 7 octobre 1939. Le capitaine Jean des Vallières à la tête d'une unité de cavaliers réservistes dans la pleine du Rhin pendant la « drôle de guerre » écrivait au maréchal : « Depuis le début de cette nouvelle guerre, je voulais vous écrire pour vous dire combien ma pensée respectueuse est souvent près de vous, que vous avez gagné l'autre, et à qui nous devons la sécurité sur notre frontière du Sud-Ouest... ».

service à diriger et il pouvait s'abstenir de prendre part à la discussion. L'important pour tous, c'est qu'il soit là, aux côtés du président du Conseil, et qu'il renvoie au pays l'image de la sérénité rassurante. Quelques semaines plus tard, le 16 juin au soir, Paul Reynaud lui cédait la place. Les Français défaits et résignés acceptèrent le discours culpabilisateur de celui qui faisait « le don de sa personne » pour « racheter leurs fautes ». Le sauveur était au pouvoir.

Cette image s'était imposée plus qu'il ne l'avait imposée. La rencontre d'un événement exceptionnel et imprévisible - la défaite de l'armée française - avec un homme qui avait conquis une popularité immense au cours d'une carrière elle aussi exceptionnelle, ouvrent la voie à une situation nouvelle. Le temps où Pétain apparaissait désormais, selon l'expression de l'historien américain Robert Paxton, comme « une page vierge, prête à recevoir l'image que chaque Français se faisait du sauveur[102] » était venu.

A défaut d'être perçu dans sa vérité profonde, l'homme providentiel n'est jamais un inconnu. Sa popularité peut être plus ou moins importante, mais il a déjà derrière lui une longue carrière militaire ou politique. Il est bardé de cette expérience qui rassure et lui fournit cette légitimité à conduire le pays loin de l'abîme vers lequel il se dirige. Ce constat, qui ne se veut pas une règle, ne souffre guère d'exception, même si l'on peut émettre un certain nombre de nuances. C'est le cas, par exemple, pour le général de Gaulle, dont la voix sera connue de l'ensemble des Français avant son aspect physique. Il ne peut toutefois être considéré le 18 juin 1940 comme un homme sans expérience. Il est reconnu dans les principaux milieux militaires et politiques : conseiller technique en Pologne en 1920, ancien collaborateur du maréchal Pétain, professeur à l'Ecole de guerre, théoricien français des divisions blindées, sous-secrétaire d'Etat à la guerre dans le gouvernement Reynaud. Il est vrai qu'en juin 1940 le général de Gaulle

---

[102] R. O. Paxton, *La France de Vichy 1940-1944*, Paris, « Points Seuil », 1973, p.44.

s'autoproclame « sauveur » plus qu'il n'est accepté comme tel par les Français. C'est bien dans la surprise générale que l'on entend, plus qu'on écoute dans un premier temps, cette voix dissonante venue de Londres qui appelle à la résistance. Cette voix sans visage qui devient progressivement la voix de la France. Il lui fallut se forger une crédibilité qui n'allait pas de soi. André Malraux a beau écrire que « ce non solitaire prodiguait une confiance d'ordre religieux[103] », le traumatisme de la défaite et les affres du rationnement ne jetèrent pas spontanément les Français dans les bras du général de Gaulle. L'épopée de la France Libre finit néanmoins par imposer brièvement son chef à la tête d'un Etat en pleine reconstruction. En revanche, son retour au pouvoir en mai 1958 entre plus dans les canons de l'appel au sauveur.

Si l'homme providentiel a une histoire qui se confond avec l'affirmation de la nation et les imperfections du régime républicain à la française, on lui attribue aussi un ensemble de représentations qui le distingue du commun des mortels.

---

[103] A. Malraux, op.cit., p.665.

Les représentations
de
l'homme providentiel

On ne peut aborder les représentations de l'homme providentiel sans s'interroger sur la définition même du mythe. « Le mythe est une parole » écrivait Roland Barthes dans un essai qui concluait ses *Mythologies*[104]. Il entendait par cette expression qu'il ne pouvait être un objet, un concept, une idée, mais bien un système de communication qui délivre un message. Il ajoutait alors que ce message « ne saurait surgir de la « nature » des choses » puisque le mythe est « une parole choisie par l'histoire[105] ». L'homme providentiel n'échappe pas à ce constat. Il est assurément le produit d'une situation politique à un moment donné de notre histoire, mais il n'en dépend jamais totalement puisque les ressorts même de l'appel au sauveur transcendent la réalité historique et fournissent leur lot de modèles prestigieux dans lesquels les contemporains vont reconnaître celui en qui il faut placer sa confiance.

---

[104] R. Barthes, *Mythologies*, Paris, Le Seuil, 1957, réédition Points-Essais, 1970, p.181.
[105] Ibid., p.182.

De prestigieux modèles

Des représentations surgissant du passé

L'homme providentiel ne saurait puiser sa légitimité dans le présent. Les valeurs qu'il est sensé incarner ne sont jamais de ce monde. Au contraire, elles appartiennent à un passé révolu : un âge d'or avec lequel il doit renouer pour éviter que le pays ne sombre. Quand au lendemain de la manifestation dramatique des ligues du 6 février 1934, le président de la République Albert Lebrun se tourne vers Gaston Doumergue pour assurer une forme de pacification sociale, c'est à l'ancien président d'une République heureuse tout autant qu'au « sage de Tournefeuille » qu'il s'adresse. Qui se souvient qu'il a été élu contre la suggestion de la gauche qui lui demandait de retirer sa candidature au profit de celle de Paul Painlevé ? Qui se souvient encore qu'il a dû faire face à une grande instabilité ministérielle, après l'échec du Cartel des gauches, qui n'est provisoirement interrompue que par les gouvernements Poincaré ? Les Français conservent plutôt l'image d'un homme qui a su, en dépit de nombreux obstacles, conduire le pays sur les chemins de la croissance et du développement économique. Il est vrai qu'à cette époque les responsabilités du président de la République étaient limitées. Sous des dehors affables, Doumergue cache un tempérament autoritaire et un goût développé du pouvoir. En cette année 1934 où l'autorité des gouvernants semblait faire défaut, la nomination du nouveau président du Conseil est bien accueillie dans le pays. En acceptant de former un gouvernement « de trêve » dont l'extrême gauche est exclue, mais où le radical Herriot siège à côté de Tardieu, en expliquant que son but est d'engager une réforme constitutionnelle renforçant le pouvoir exécutif, Gaston Doumergue répond au moins dans un premier temps aux espoirs mis en lui. Dans un autre contexte, le retour au pouvoir du général de Gaulle en 1958 procède de la même démarche. En dépit d'une grande méfiance de la classe politique, c'est à l'homme du 18 juin, à celui qui a su à l'issue du conflit restaurer la République, que le président Coty fait appel et non à l'opposant résolu à la IVe République et au « régime des partis ». La situation insurrectionnelle en Algérie exige qu'une autorité politique indiscutable s'impose pour trouver les voies de l'apaisement et l'amorce d'une solution. Qui mieux que le général de Gaulle pouvait en ce mois de mai 1958 assumer cette mission ? Là encore, il revient au pouvoir avec l'ambition de faire évoluer les institutions vers un renforcement du pouvoir exécutif. Contrairement à Doumergue, vingt-cinq ans plus tôt, il en fit une prérogative à toute action politique et réussit de ce fait là où le « sage de Tournefeuille » avait échoué en tardant à présenter son plan de réformes. De la même manière, l'arrivée au pouvoir du maréchal Pétain en juin 1940 ne diffère guère. C'est le vainqueur de Verdun, le chef de guerre prestigieux, celui qui a su résoudre la question des mutineries de l'armée française auquel s'adresse le président de la République pour remplacer Paul Reynaud, le président du Conseil démissionnaire[106]. L'homme impose toujours le respect et l'admiration. Son prestige, son autorité, son charisme pour tout dire, sont à leur apogée dans cette France désemparée par « l'étrange défaite ». Peu importe si la vérité est bien éloignée des représentations que se font les Français du maréchal. Surgies de l'histoire, elles acquièrent valeur historique et s'imposent sans discussion possible pour le meilleur, mais aussi pour le pire. Ces représentations sont des constructions d'une mémoire collective qui procède par assimilation et sélection, dont la préoccupation n'est pas de produire un récit historique rigoureux et critique, mais du mythe dans lequel le plus grand nombre se reconnaît. Dans *Les chênes qu'on abat*, Malraux fait dire à de Gaulle qu'« un mythe politique est un domaine d'émotions, qui se logent dans les idées comme les bernard-l'ermite dans les coquilles des crustacés morts...[107] ». Si les représentations de l'homme providentiel empruntent ainsi les chemins détournés du passé, c'est en effet toujours au détriment de l'histoire. Peu importe alors que la construction de ces représentations fasse apparaître des personnages exemplaires surgis d'un lointain passé. Ce n'est pas leur histoire en

---

[106] Didier Fischer, *Le mythe Pétain*, Paris, Flammarion, 2002.
[107] A. Malraux, op. cit., p.639.

tant que telle qui est convoquée, mais ce qu'ils sont sensés représenter. Cincinnatus, Alexandre, Moïse, Solon, autant d'itinéraires qui forgent notre imaginaire et qui constituent les lointains modèles mythiques et prestigieux de l'homme providentiel. Nous reprenons là, tout en la précisant, la catégorisation effectuée par Raoul Girardet dans un petit ouvrage pionnier[108].

Cincinnatus ou la sagesse de l'expérience et le désintérêt

Le vieillard chenu est une des représentations les plus courantes de l'homme providentiel. Pour autant, il ne s'agit pas de n'importe quel vieillard ni de n'importe quelle vieillesse. La vieillesse, dans ce type de discours, est érigée en qualité. Mieux, elle est devenue une vertu. N'est-elle pas à la fois gage de sagesse, d'expérience et de désintérêt à l'image du paysan-soldat que fut Cincinnatus qui, après avoir vaillamment combattu, retourna aux travaux des champs en refusant les honneurs ? Le sauveur est ce vieil homme qui s'est illustré en d'autres temps et qui n'aspire désormais qu'à un repos bien mérité. Il représente tout ce passé glorieux que nul n'a oublié et auquel il a apporté une contribution que beaucoup jugent décisive. Plus les faits sont éloignés, plus large est l'auréole. Par ailleurs, cette dernière refuse toute hiérarchie. La distance temporelle contribue plus que les états de service à façonner la légende de notre homme. Il n'y a pas de petites ou de grandes actions. L'important est d'interrompre une vieillesse paisible et de répondre à l'angoisse d'un peuple confronté au malheur en faisant « don de sa personne ». Comme le souligne Raoul Girardet : « Les vertus qu'on lui attribue et dont on attend le salut de la cité menacée correspondent très exactement au terme global utilisé par les Latins pour désigner une certaine forme d'exercice de l'autorité politique et qui est celui de *gravitas* : la fermeté dans l'épreuve, l'expérience, la prudence, le sang-froid, la mesure, la modération[109] ». Cette représentation de l'homme providentiel s'éloigne du va-t-en guerre

---

[108] Raoul Girardet, *Mythes et mythologies politiques*, Paris, Le Seuil, 1986.
[109] R. Girardet, op. cit., p.74.

près à tout pour l'emporter, devrait-il mettre en péril sa vie et, surtout, celle des autres. La figure charismatique du sauveur est là pour rassurer, expliquer l'inexplicable et appliquer le remède le mieux adapté à la situation. A l'issue de la défaite de 1870, du 6 février 1934 ou en juin 1940, Thiers, Doumergue et Pétain enfilent ce costume de Cincinnatus. Voilà des hommes qui ont dépassé les soixante-dix ans, qui pourraient goûter les plaisirs d'une retraite bien méritée et à qui l'on demande de prendre en main le destin du pays. Leur parcours jusque là a été exemplaire. Ils n'ont jamais cherché la gloire pour la gloire, même s'ils ont souvent occupé les places les plus prestigieuses.

En 1870, Thiers s'identifiait à l'histoire politique de la France post-révolutionnaire à la recherche d'institutions nouvelles[110]. Il exerça dans ce contexte les plus hautes responsabilités. Partisan d'une monarchie constitutionnelle et du régime parlementaire, il contribua à l'installation de la Monarchie de juillet. Nommé conseiller d'Etat, élu député d'Aix-en-Provence, Thiers devint sous-secrétaire d'Etat aux Finances, puis ministre de l'Intérieur en 1832. Il fut à partir de 1836 à plusieurs reprises ministre des Affaires Etrangères et président du Conseil. Ecarté du pouvoir en 1840, il commença à écrire son *Histoire du Consulat et de l'Empire* dont le premier tome paru en 1845. S'il joua un rôle essentiel en 1848 dans l'élection à la présidence de la République de Louis-Napoléon Bonaparte, dès la fin 1849 il rompit avec le prince-président. Lors du coup d'Etat de 1851, il est arrêté et contraint à l'exil en Suisse. Autorisé à rentrée en France en 1852, il se tint plus de dix ans à l'écart de la vie politique avant d'être élu en 1863, député de l'opposition à Paris. Résolument hostile à la politique étrangère de l'Empereur, il refusait en juillet 1870 de voter les crédits militaires nécessaires à l'entrée en guerre contre la Prusse. Après le 4 septembre, le gouvernement de la Défense Nationale le chargeait d'aller plaider la cause de la France dans les grandes capitales européennes, puis d'entamer les négociations de paix avec Bismarck. Désigné à l'Assemblée Nationale par 26 départements, il

---

[110] Pierre Guiral, *Adolphe Thiers*, Paris, Fayard, 1986.

est élu à Bordeaux le 17 février 1871 « Chef du pouvoir exécutif de la République française ».

En 1934, Gaston Doumergue a aussi une longue carrière politique derrière lui. Député du Gard, il entrait au Sénat en 1910 pour y siéger jusqu'à son élection à la présidence de la République en 1924. A la Chambre, il s'intéressa aux questions coloniales et devint ministre des Colonies dans le cabinet du « petit père » Combes en juin 1902. Il fut ensuite ministre du Commerce, de l'Industrie et des Travaux Publics des gouvernements Sarrien et Clemenceau entre 1906 et 1909. Après avoir créé la marine marchande française, ce radical qui défend l'école laïque devient ministre de l'Instruction publique du cabinet Briand de 1909-1910. En décembre 1913, Poincaré le charge de former le gouvernement. La période est difficile. Il lui faut incorporer à la loi de finances l'impôt sur le revenu, subir le contrecoup de la démission de Caillaux, après l'assassinat de Calmette et, comme ministre des Affaires étrangères faire face à la tension internationale. En juin 1914, il démissionne après les élections législatives. Viviani le rappelle au Quai d'Orsay quand la guerre éclate, puis au ministère des Colonies. Son expérience est appréciée. Il y demeure jusqu'en 1917, assurant la sécurité des possessions françaises d'outre-mer et organisant le recrutement des armées indigènes. De retour au Palais du Luxembourg, il préside la Commission des Affaires étrangères avant de succéder à Léon Bourgeois à la présidence de la Haute Assemblée en 1923. Il est élu président de la République grâce à la coalition des modérés et des radicaux en 1924. A la fin de son mandat en 1931, il se retire en Haute-Garonne dans son domaine de Tournefeuille.

En juin 1940, quand Albert Lebrun fait appel au maréchal Pétain, ce dernier n'a pas l'expérience politique des Thiers ou Doumergue. Ne se plaisait-il pas d'ailleurs à affirmer que de la politique, jamais il n'en ferait[111] ? Il fut néanmoins ministre de la Guerre dans le

---

[111] Déclaration aux journalistes à sa sortie du Quai d'Orsay, le 9 février 1934 : « Je lui ai déclaré (à Gaston Doumergue) que j'ignorais tout de la politique, que je n'en avais jamais fait, et que je n'en ferai jamais. Si on

gouvernement Doumergue de 1934 et ambassadeur en Espagne en 1939, comme nous l'avons déjà vu. En fait, le sauveur a érigé sa statue lors de la Première Guerre mondiale. Colonel promis à la retraite quand la guerre éclate, il est nommé en quelques semaines : général de brigade, de division, puis de corps d'armée. Il combat sur la Marne, en Artois, en Champagne. En février 1916, il est chargé de défendre Verdun contre les assauts allemands. Son sens de l'organisation et ses conceptions tactiques vont permettre à l'armée française de tenir. Pour l'ensemble des Français, il devient alors le « vainqueur de Verdun », et peu importe si ce n'est pas lui qui conclut la bataille. En avril 1917, après les offensives sanglantes et vaines du Chemin des Dames conduites par le général Nivelle, Pétain est nommé commandant en chef de l'armée française avec une mission précise : faire face aux mutineries de soldats qui éclatent sur le front. Une bonne évaluation de la situation et sa connaissance de la troupe lui permettent en limitant les sanctions, en améliorant l'ordinaire du soldat et en supprimant les offensives inutiles de mettre un terme aux soulèvements et d'attendre l'arrivée des Américains. Si sa conception défensive de la guerre est loin de faire l'unanimité dans les plus hauts rangs de l'Etat et parmi l'état-major militaire, elle lui procure auprès de la troupe une popularité extraordinaire. « Le feu tue », selon sa propre expression, d'où la nécessité de ne pas y exposer de manière inconsidérée les hommes. Le gouvernement de l'époque lui reprocha cette prudence excessive et lui préféra en 1918 comme généralissime des armées alliées Foch. Cela ne l'empêchera pas d'être fait maréchal de France à la fin du conflit, de devenir en 1920 le vice-président du Conseil supérieur de la Guerre, avant d'être nommé en 1931, Inspecteur de la défense aérienne du territoire. Il fut ainsi durant l'entre-deux-guerres l'un des principaux inspirateurs de la politique militaire de la France. Académicien en 1931, ministre en 1934, ambassadeur en 1939, en dépit d'un âge avancé Pétain n'a jamais renoncé à servir. S'il a en 1940 plus d'un titre de gloire à faire valoir qui le distingue du commun des mortels, il reste pour l'immense majorité des

---

me confie le ministère de la Guerre, je me contenterais de m'occuper de l'armée » (*Le Petit Journal*, 10/02/1934).

Français le vainqueur de Verdun. Ce vieillard qui porte beau rassure. Quand Paul Reynaud le fait entrer au gouvernement, le 17 mai 1940, alors que les Allemands ont percé la défense française, il ne souhaite pas lui voir jouer un rôle réellement actif. Il lui demande seulement d'être à ses côtés l'image de la sérénité rassurante[112]. Si la presse salue presque unanime ce choix du président du Conseil et souligne ce sentiment de confiance, nombreux sont les journaux qui veulent lui voir jouer un rôle de premier plan[113].

Dans ces trois exemples, le sauveur prend les traits d'un vieillard glorieux dont la sagesse et l'expérience confèrent l'autorité politique nécessaire pour conduire le pays vers le salut. Il est ce Cincinnatus moderne qui n'hésite pas à répondre à l'appel qui lui est fait en abandonnant un repos bien mérité. La vieillesse n'est plus un obstacle pour exercer les plus lourdes charges. Au contraire, elle est devenue un atout. S'il est nécessaire dans la presse de signaler que le vieillard reste vert, c'est évidemment pour louer ses qualités d'acharnement au travail, sa fraîcheur intellectuelle et la fermeté dont il ne manquera pas de faire preuve dans sa difficile mission. Une mission qui s'apparente, dans la majorité des cas, à la restauration d'un ordre ancien, voire d'un âge d'or. Raoul Girardet remarque avec raison « la place essentielle occupée par les principes de continuité et de stabilité, les valeurs de permanence et de conservation[114] » dans le discours légendaire. C'est la terre que l'on évoque, immuable et nourricière. Une terre qui « ne ment pas[115] », sur laquelle des générations de famille ont peiné pour lui faire rendre la pitance quotidienne. Cette terre est celle des ancêtres, celle des morts, chère à Maurice Barrès. Terre qu'on ne peut quitter sans prendre le risque d'y perdre ses racines[116]. Une fois au pouvoir,

---

[112] D. Fischer, *Le mythe Pétain*, op. cit., p. 270.
[113] Ibid., voir notre revue de presse, p. 272-274.
[114] R. Girardet, op. cit., p. 74.
[115] La formule est du philosophe Emmanuel Berl.
[116] Il ne faut d'ailleurs pas voir seulement dans la thèse des *Déracinés* de Barrès le déracinement géographique même s'il est suggéré par l'arrivée à Paris de ces jeunes Lorrains dont on suit l'histoire. En fait, c'est essentiellement le déracinement moral et intellectuel que condamne

Philippe Pétain conçut le projet politique, social et culturel « d'enraciner l'homme français dans la terre de France[117] ». C'est tout le sens de la Révolution nationale et de la nouvelle devise du régime : « Travail, Famille, Patrie ». Tourné contre la République et son enfant « monstrueux » que fut le Front populaire, le chef de l'Etat accuse ce dernier de tous les maux dont le moindre à ses yeux n'était pas d'avoir détourné les Français de l'effort : « L'esprit de jouissance l'a emporté sur l'esprit de sacrifice. On a revendiqué plus qu'on a servi. On a voulu épargner l'effort, on rencontre aujourd'hui le malheur[118] ». Le déracinement, version républicaine, a conduit la France et les Français au fond de l'abîme. Il est grand temps de réformer les mœurs, de chasser les intrus et de retrouver les vraies valeurs pour remettre en ordre la maison France. Une célèbre affiche louant la Révolution nationale, éditée en 1941 par le centre de propagande d'Avignon, résume mieux qu'un long discours les vertus du rétablissement opéré par le nouveau régime. A la terre est étroitement associée la maison. Une maison à reconstruire, mais qui évoque l'abri, le refuge, la protection. Sous son toit, derrière ses murs, le bonheur peut renaître à condition que les fondations soient désormais solides. Il n'existe probablement pas de vision plus conservatrice de l'ordre social.

A cette représentation de l'homme providentiel fondée sur la sagesse de l'expérience et de l'engagement désintéressé d'un illustre retraité s'en oppose une autre faite de la fougue et de la hardiesse d'un jeune capitaine prêt à déplacer les montagnes.

Alexandre ou la fougue du guerrier

A l'archétype de Cincinnatus fait pendant celui d'Alexandre poursuivant les Perses et franchissant l'Indus étendant son empire

---

l'auteur du *Roman de l'énergie nationale*. Un déracinement qui, selon lui, est le fruit de l'institution scolaire et universitaire française qui, en élevant les élèves à la raison abstraite, les coupe des réalités régionales et nationales.

[117] Discours du 25 août 1940.
[118] Cité par Pierre Laborie, *L'Opinion française sous Vichy*, Paris, « Point-Seuil », 2001, p.231.

aux limites connues du monde. La conquête, la fougue et la hardiesse accompagnent le sauveur. Il taille sa réputation à grands coups d'épée. Il ne fait pas « don de sa personne », il s'empare des foules qu'il subjugue. « La légitimité de son pouvoir ne procède pas du passé, ne relève pas de la piété du souvenir ; elle s'inscrit dans l'éclat de l'action immédiate[119] », souligne Raoul Girardet. L'épopée du conquérant macédonien déboucha sur une très importante production littéraire où le récit légendaire se mêla très tôt à la dimension historique. Si César fut le propre narrateur de sa campagne militaire dans les Gaules, nous livrant une source directe irremplaçable malgré les réserves liées à la construction idéologique du projet, il n'existe rien de comparable concernant l'œuvre d'Alexandre. Les récits sont tardifs et visent essentiellement à montrer la supériorité de la civilisation grecque sur le monde barbare. L'invention du mythe est là dans sa dimension épique et homérique qui fait d'Alexandre le descendant des héros légendaires. Tout est mouvement et jeunesse dans cette représentation. Son bras qui se tend n'a rien de protecteur, ni d'amical. Il n'embrasse pas. Il montre au contraire la direction à prendre et l'objectif à atteindre. Suivre ce guerrier, c'est courir avec lui les sentiers sans retour de l'aventure et de la gloire, traverser avec fulgurance l'espace et le temps, franchir les fleuves et les montagnes. Rien ne peut arrêter dans son élan, ce capitaine avide de se distinguer. Telle est bien la place qu'occupe par exemple dans la légende napoléonienne, les images du jeune Bonaparte. C'est ce tableau de Gros le représentant, drapeau tricolore en main et cheveux au vent, tendu dans sa course pour franchir le pont d'Arcole. C'est encore ce tableau de David peignant un Bonaparte au col du Grand Saint-Bernard, maîtrisant son cheval qui se cabre et désignant du doigt les plaines et les villes italiennes promises à sa convoitise. C'est ainsi encore que le voit Barrès : « Aux heures du Consulat, et quand s'élargissaient les premiers feux de sa gloire, on voyait encore un Bonaparte songeur, farouche, avec le teint bleuâtre des jeunes héros qui rêvent de l'Empire ». A son dernier souffle, sur son lit de mort, poursuit Barrès, « quand on eut sur son visage essuyé les sueurs de

---

[119] R. Girardet, op. cit., p.75.

l'agonie, on vit réapparaître l'aigu de sa jeunesse, l'arc décidé des lèvres, l'arrête vive des pommettes et du nez. C'était cette expression héroïque et tendue qu'il devait laisser à la postérité comme essentielle et explicative. Le jeune chef de clan du pays Corse, le général d'Italie et d'Egypte, le premier consul, voilà en effet le Napoléon qui ne meurt pas, celui qui a soutenu l'empereur dans toutes ses réalités et qui supporte sa légende de son immortalité[120] ». Nous sommes aux antipodes de la description de Bonaparte par Chateaubriand. Si ce dernier concède que la Providence l'a accompagné un temps, elle l'a ensuite abandonné pour le livrer à sa propre folie qui l'a conduit à mettre en place un despotisme qui n'avait rien d'éclairé : « On a vanté l'administration de Buonaparte : si l'administration consiste dans des chiffres ; si pour bien gouverner il suffit de savoir combien une province produit en blé, en vin, en huile, quel est le dernier écu qu'on peut lever, le dernier homme qu'on peut prendre, certes Buonaparte était un grand administrateur ; il est impossible de mieux organiser le mal, de mettre plus d'ordre dans le désordre. Mais si la meilleure administration est celle qui laisse un peuple en paix, qui nourrit en lui des sentiments de justice et de piété, qui est avare du sang des hommes, qui respecte les droits des citoyens, les propriétés des familles, certes le gouvernement de Buonaparte était le pire des gouvernements[121] ». Chateaubriand ne conteste pas les qualités militaires de Bonaparte. Il était tout à la fois « un Alexandre et un Charlemagne[122] » fait pour la conquête, mais « l'irréligion, le goût des jouissances et des dépenses au-dessus de la fortune, le mépris des liens moraux, l'esprit d'aventure, de violence et de domination...[123] » l'ont entraîné du côté de la tyrannie. Ainsi le même capital mythologique, selon qu'on s'appelle Barrès ou

---

[120] M. Barrès, *Les déracinés*, op. cit., p. 608.
[121] François-René de Chateaubriand, *De Buonaparte, des Bourbons, et de la nécessité de se rallier à nos princes légitimes pour le bonheur de la France et celui de l'Europe*, Paris, Arléa, 2004, p. 29.
[122] Ibid., p. 14.
[123] Ibid., p. 27-28.

Chateaubriand, peut-il produire deux analyses diamétralement opposées : en définitive, les deux versants d'un même mythe.

Parmi nos sauveurs « républicains », seul Boulanger puise réellement à cette tradition héroïque. N'a-t-il pas fait une carrière militaire rapide et brillante ? Il a combattu avec bravoure en Kabylie, en Italie, en Cochinchine et lors de la guerre de 1870-1871. Il a de l'ambition à revendre et le sens de la conquête. Son ardeur séduit ou agace, mais ne peut laisser indifférent dans cette France en crise de la fin des années 1880. Boulanger incarne cette espérance que le monde politique ne semble plus en mesure de porter. De la lingère à la duchesse, de l'ouvrier au notable, grâce à un sens aigu de la mise en scène, le général gagne les cœurs et s'offre le 14 juillet 1886, lors de la revue militaire à Longchamp, un véritable triomphe romain. Le général-ministre, au son des canons du Mont-Valérien, précédé de ses spahis, fait son apparition devant une foule qui scande son nom. Il caracole sur son cheval noir Tunis « le buste droit, la tête haute, la barbe frémissante, coiffé d'un bicorne à plumes blanches, sanglé dans un dolman turquoise à baudrier noir et couvert de décorations[124] ». Pour ceux qui l'acclament le doute n'est plus possible, il symbolise le renouveau de l'orgueil national. Sa popularité dans les mois qui suivent atteint son apogée avec l'affaire Schnabelé qui éclate en avril 1887. Prêt à en découdre avec l'Allemagne, il devient aux yeux d'une majorité de Français le général-revanche : celui qui, non content de balayer cette clique de politiciens corrompus qui discrédite la République, pourrait laver l'affront de la défaite de 1870. Philippe de Grandlieu, dans les colonnes du *Figaro*, analyse avec pertinence la situation : « Traitons tout à notre aise le général Boulanger, en le qualifiant, si vous voulez, de charlatan et d'aventurier ; il n'en reste pas moins que ce n'est pas un sot. Il a compris que la France humiliée avait soif d'un prince ou tout au moins d'un soldat ; et puisque la nation aime le panache, il s'est mis à agiter le sien devant la foule… Il n'a pas eu besoin de beaucoup réfléchir pour comprendre que le seul général en mesure de s'imposer définitivement à la France est celui qui donnera au patriotisme en deuil la revanche de Metz et de

---

[124] Jean Garrigues, *Le général Boulanger*, Paris, Perrin, p. 64.

Sedan[125] ». Les républicains, face à l'engouement populaire qui pourrait un jour porter Boulanger au pouvoir, s'inquiètent. Nombreux sont ses anciens soutiens qui, à l'instar de Clemenceau, se détournent de lui. Face à l'organisation d'un « parti » boulangiste qui relaie et amplifie avec succès dans le pays les accents belliqueux du chef, le régime s'organise et allume les premiers contre-feux. Le caractère velléitaire du personnage, sa duplicité naturelle et, au final, sa peur de la prison, dégonflèrent l'enflure boulangiste et assurèrent la défaite en rase campagne du prétendant au recours.

Si la fin de l'aventure ne fut pas glorieuse, l'appel au soldat, « celui que les villes, les villages, les casernes, les ateliers et, sur le passage des voitures, les bergers isolés dans les champs acclament aux cris de : « Vive Boulanger ! » [126], constitue bien un événement de notre vie politique qui porte en lui une représentation particulière de l'homme providentiel : celle d'un guerrier dont la fougue, la hardiesse et la célérité peuvent être une réponse aux difficultés d'une époque. Le capitaine, tout comme l'illustre retraité, peut aussi se muer en législateur et offrir ainsi un troisième modèle : l'archétype de Solon vient ainsi se substituer à celui d'Alexandre.

Solon ou l'homme des fondations

La représentation du sauveur ne se confond pas seulement avec l'image rassurante de la *gravitas* ou celle enthousiasmante de la *celeritas*. Elle peut dans certains cas prendre les traits du législateur : celui qui pose les fondations d'un nouveau régime qui s'inscrit dans la durée. Il le fait en homme d'Etat qui se défie du goût immodéré du luxe, de l'ambition sans nuance et de l'imprudence. Il doit faire preuve de volonté sans violences, de persuasion, tout en sachant imposer si nécessaire, comme le souligne Plutarque dans sa vie de Solon : « Cependant, bien qu'il eut rejeté la tyrannie, il n'administra pas les affaires de la façon la plus douce. Quand il composa ses lois, il ne montra ni mollesse, ni

---
[125] *Le Figaro*, 25 juillet 1886.
[126] M. Barrès, *Le roman de l'énergie nationale*, op.cit., p. 779.

faiblesse devant les puissants, ni complaisance pour ceux qui l'avaient choisi (...) Mais quand il espérait pourvoir persuader les gens par la parole, ou les contraindre à obéir, il agissait, comme il le dit lui-même, *unissant à la fois la force et la justice*[127] ». La rupture avec le passé est manifeste. Quand il s'agit de réformer un système qui ne fonctionne plus, le législateur impose ses vues. Là où Doumergue échoua, Pétain, d'une certaine manière, réussit avec la naissance de l'Etat français. Sensé mettre un terme aux turpides du passé et instaurer un régime en phase avec son temps, le maréchal fondait avec la Révolution nationale un « ordre nouveau ». Il reposait non pas sur une constitution à proprement parler, mais sur une série d'actes constitutionnels pris dès le 11 juillet 1940 qui visaient tous à renforcer l'autorité du chef de l'Etat et à étouffer toute expression démocratique. Il est néanmoins impossible de dissocier l'action législative du maréchal Pétain du contexte historique de l'année 1940 : la défaite de la France et la domination de l'Allemagne sur une grande partie de l'Europe. Ces faits concourent à renforcer le caractère fondateur du nouveau régime comme le souligne à juste titre Jean-Paul Cointet : « Le gouvernement de Vichy, dès le départ, conformément aux circonstances de son avènement et à la volonté de ses initiateurs, s'est voulu fondateur et non simple gestionnaire[128] ». Il n'est pas seulement question pour Pétain de gérer la situation catastrophique issue de la défaite et des conditions draconiennes de l'armistice. Il entend bien à partir du 10 juillet 1940 profiter du faible espace que lui concède Hitler pour réorienter en profondeur la politique intérieure et extérieure du pays. Les premières lois d'exclusion[129] d'une partie de la population - francs-maçons et juive notamment - n'ont pas été dictées par l'occupant. Elles procèdent d'une détermination idéologique qui appartient en propre au chef de l'Etat français et à son gouvernement. De la même manière, la

---

[127] Plutarque, op.cit., Solon, XV, p. 210.
[128] Jean-Paul Cointet, *Histoire de Vichy*, Paris, Perrin (collection Tempus), 2003, p. 120.
[129] Denis Peschanski, *Vichy 1940-1944 : Contrôle et exclusion*, Editions Complexe, 1997.

collaboration ne fut pas imposée, mais recherchée par les dirigeants français[130]. Pétain, qui pensait la victoire allemande définitive, croyait pouvoir fonder le rétablissement de la France sur une relation d'égale à égale, libre et loyale avec l'Allemagne dans une Europe nouvelle. Ne l'affirme-t-il pas avec force et conviction à l'issue de sa rencontre avec le führer à Montoire, le 24 octobre 1940 ? On sait ce qu'il advint d'une telle initiative. Plus qu'une erreur, il s'agissait d'une faute politique. La fiction même d'un Etat libre n'y survécut pas. Vichy passa progressivement sous les fourches caudines nazies et fut contraint d'accepter et de participer à la politique de déportation des juifs de France. La rafle du Vel' d'hiv du 16 juillet 1942 ouvrait la voie des persécutions ultimes. Il est vrai que depuis la fin de l'année 1941, l'opinion que les Français avaient du maréchal et de son régime commençait à évoluer. Si l'on en croît les rapports des préfets, ils se détachaient progressivement du chef de l'Etat et de sa politique de collaboration. L'image du législateur pâlissait au fur et à mesure que le discrédit tombait sur le régime.

Pour autant cette représentation ne disparaissait pas de la palette mythologique du sauveur. En 1958, elle pouvait à nouveau s'incarner sous les traits du général de Gaulle. Depuis la chute du gouvernement Mollet, les présidents du Conseil se succèdent. L'instabilité ministérielle est à son comble et souligne l'impuissance manifeste de la IVe République à mettre un terme à la guerre d'Algérie. Le 13 mai 1958, la manifestation des Français d'Algérie, qui se termine par la prise d'assaut de l'immeuble du gouvernement général à Alger et la proclamation par le général Massu de la constitution d'un comité de salut public, sonne le glas du régime. L'investiture dans la soirée de Pierre Pflimlin à la tête du gouvernement ne peut infléchir le cours des événements, d'autant plus que les gaullistes s'activent en coulisses pour préparer le retour du général. Le climat politique est délétère et le discrédit qui pèse sur la IVe République est tel dans l'opinion publique que la volonté affichée par de Gaulle de réformer en profondeur les institutions ne suscite guère de réprobation. Le débat porte plutôt sur la nature de

---

[130] Robert Paxton, *La France de Vichy*, op.cit..

ces dernières. Le précédent historique de Vichy est dans toutes les mémoires. Il n'est donc pas question pour les députés qui votèrent l'investiture du général de Gaulle de participer, sous couvert d'un renforcement du pouvoir exécutif, à la mort du régime parlementaire. Ils conditionnèrent donc la mise en route du processus de la réforme constitutionnelle au fait que le gouvernement restât responsable devant le Parlement. En cédant sur ce point, de Gaulle revêtait officiellement les habits du législateur et puisait à cette tradition mythique du sauveur posant les bases d'un nouveau régime. Trois mois plus tard, le 4 septembre 1958, place de la République à Paris, le général de Gaulle était en mesure de présenter aux Français le texte constitutionnel de la Ve République et de les appeler à se prononcer par référendum. Il insistait dans son discours sur la rupture que constituait ce projet par rapport au texte de 1946. Si le régime parlementaire n'était pas formellement remis en cause, le renforcement du pouvoir exécutif faisait désormais du président de la République la clef de voûte des nouvelles institutions. Les articles 11, 16 et 49 (3) donnaient au Président de la République et au gouvernement une prééminence évidente sur le pouvoir législatif. La tradition républicaine française, que certains caricaturaient en « régime des partis », s'en trouvait profondément changée. C'est toute une culture politique héritée du siècle passé que les nouvelles institutions bousculaient[131]. Si des parlementaires, comme Pierre Mendès France ou François Mitterrand, s'illustrèrent dans la critique du projet gaulliste, une immense majorité des électeurs l'approuva[132].

De Gaulle, qui n'avait pu au lendemain de la Seconde Guerre mondiale imposer ses vues constitutionnelles, posait bien en 1958 les fondements d'un nouveau régime. Si son retour au pouvoir s'était effectué essentiellement pour résoudre le conflit algérien, il avait su convaincre le monde politique et les Français que ce règlement passait par des institutions nouvelles. Face à la complexité de la question algérienne, la restauration de l'autorité de

---

[131] Sur cette vie politique, voir notamment : René Rémond, *La République Souveraine*, Paris, Fayard, 2002.
[132] Le oui l'emporta par 80% des suffrages exprimés.

l'Etat était pour lui plus qu'un préalable : la condition nécessaire à toute action. Mais ce Solon sait qu'un texte constitutionnel ne fait pas tout, qu'il existe une pratique des institutions qui ne peut être dissociée d'un certain contexte historique : « Les institutions nouvelles sont en place. Du sommet de l'Etat, comment vais-je les façonner ? Car les raisons qui m'y ont amené et les conditions dans lesquelles je m'y trouve ne ressortent pas des textes. Au surplus, elles n'ont dans l'Histoire aucun précédent... Moi, c'est sans droit héréditaire, sans plébiscite, sans élection, au seul appel, impératif mais muet, de la France, que j'ai été naguère conduit à prendre en charge sa défense, son unité, son destin. Si j'y assume à présent la fonction suprême, c'est parce que je suis depuis lors, consacré comme son recours. Il y a là un fait qui, à côté des littérales dispositions constitutionnelles, s'impose à tous et à moi-même. Quelle que puisse être l'interprétation que l'on veuille donner à tel ou tel article, c'est vers de Gaulle en tous cas que se tournent les Français[133] ». Si la pertinence de cette analyse ne peut être mise en cause, il est difficile toutefois d'avoir plus claire conscience d'être désormais un mythe vivant. Il est vrai que le principe des mémoires est toujours de donner une cohérence à un itinéraire et d'ériger sa propre statue, quitte à prendre certaines libertés avec l'histoire. Dans la conjoncture politique de l'année 1958 - et comme ce sera souvent le cas avec la pratique référendaire - les électeurs ne répondent pas à la question posée, mais à celui qui la pose. Après avoir longtemps bénéficié de cet « effet pervers », le général de Gaulle en fut la victime au mois d'avril 1969. Toujours est-il que l'homme des fondations, à l'image du père de la patrie, tire sa légitimité de son passé pour se projeter dans l'avenir et s'inscrire dans la durée.

Enfin, au modèle du législateur peut aussi se substituer celui du prophète guidant son peuple.

---

[133] Charles de Gaulle, *Mémoires d'espoir*, T.1, Paris, Plon, p. 39.

Moïse ou l'archétype du prophète

Annonciateur des temps nouveaux, le prophète lit dans l'histoire ce que les autres ne voient pas encore. « Conduit lui-même par une forme d'impulsion sacrée, il guide son peuple sur les chemins de l'avenir. C'est un regard inspiré qui traverse l'opacité du présent, une voix, qui vient de plus haut ou de plus loin, qui révèle ce qui doit être vu et reconnu pour vrai[134] ». D'une manière ou d'une autre tous nos sauveurs revêtent peu ou prou dans la représentation que les peuples s'en font cette dimension prophétique. Dans la tempête, ils tiennent la barre et montrent la direction à prendre. Ils rendent intelligible les temps les plus troublés. Ils deviennent l'incarnation même de cette volonté générale au point de fusionner avec le pays et son histoire : le destin individuel du sauveur s'identifie au destin collectif de la nation.

Jacques Chevalier, en forêt de Tronçais, présentant au maréchal Pétain le chêne qui lui est dédié, ne dit pas autre chose : « C'est le plus beau, le plus haut de cette antique forêt de Tronçais, vieille sylve gauloise qui fut mise en réserve par les rois de France, qui a fourni une flotte au pays en 1793, et, en 1917, le bois qui a permis à la France de gagner la guerre. Vous êtes ici au cœur de la forêt ; vous avez autour de vous de vieux arbres, des baliveaux qui datent de François Ier, quelques-uns de Jeanne d'Arc et de Saint-Louis. Votre chêne doit avoir 270 ans. Colbert, en 1669, avait nommé une commission chargée de délimiter et de repeupler la forêt de Tronçais. Partout où il y avait un vide, il fit mettre un gland. On mit un gland ici, et c'est votre chêne. Il mesure 42 mètres de hauteur totale, 28,64 mètres jusqu'à la première branche. Il est toujours jeune et vivace, comme vous Monsieur le Maréchal (…). Eh bien maintenant, on viendra ici et l'on dira : Pétain fut là. Pétain : l'homme qui a sauvé trois fois la France ! Pétain, vivante image de la vieille France, toujours jeune parce qu'immortelle. Comment douter d'un pays qui produit de tels arbres et de tels hommes ? Par

---

[134] R. Girardet, op. cit., p.78.

ma voix, Monsieur le Maréchal, je vous apporte l'amour de la France[135] ! »

En ce mois de novembre 1940, la légitimité du sauveur ne se discute pas. Il suffit qu'il soit là pour que la confiance renaisse, tant il incarne cette France qui ne peut mourir. « Pétain, c'est la France et la France, c'est Pétain » n'hésite pas à affirmer à la même époque le primat des Gaules, le cardinal Gerlier. Il est cette France de la tradition, de l'épopée, venue du fond des âges, et qui ne peut finir en dépit des épreuves présentes. Digne héritier de cette histoire, que Jacques Chevalier parcourt dans son propos en quelques noms à la force symbolique évidente – Jeanne d'Arc et Saint-Louis, François Ier et Colbert -, le maréchal est ici comparé par la puissance évocatrice du verbe, à ces gloires, pour ne pas dire ces figures de légende, qui ont façonné le pays. Il n'est pas douteux pour notre orateur que Pétain puisse accomplir une œuvre comparable à ses illustres prédécesseurs. Plus que « l'amour de la France », c'est la foi de tout un peuple que Jacques Chevalier place dans la personnalité charismatique du chef de l'Etat. La propagande du régime de Vichy à laquelle participe ce texte n'aura de cesse d'identifier son chef à cette représentation d'un guide devenue l'essence même de la nation, l'incarnation intemporelle de la France.

Le général de Gaulle, vu notamment par André Malraux, n'échappe pas non plus à cet archétype. Dans *Les chênes qu'on abat*, longue méditation-conversation imaginaire, l'auteur évoque la mystérieuse grandeur de celui qui vient de mourir. Le fait qu'il ait été à la fois un grand capitaine et un grand politique y concoure peu. Pour lui, il a d'abord « porté la France en lui » à l'instar d'un véritable prophète. Il est la voix de la France depuis qu'un certain 18 juin 1940 il prit la parole pour refuser la défaite et l'armistice, pour appeler le pays à la résistance. Et Malraux de préciser : « Ce qu'il disait n'était pas juste parce que l'événement le confirmait : il

---

[135] Jacques Chevalier, *La Forêt de Tronçais en Bourbonnais*, Editions de la Chronique des Lettres Françaises, Aux Horizons de France, Paris, 1940, pp. 154-155. Les nouvelles éditions de cet ouvrage ne font plus référence à cette cérémonie.

devenait de Gaulle parce qu'il tenait ce langage. Moins un général français qui combattait à Londres, qu'une création par ces paroles sans image, au sens où tout grand créateur devient un mythe suscité par ses œuvres[136] ». Tout vient puiser à cette source extraordinaire[137] : sans cette claire conscience d'incarner à lui seul le pays, il n'y aurait jamais eu de Gaulle. « Il a rétabli la France à partir d'une Foi », explique encore Malraux qui voit en lui un véritable « chef d'ordre religieux ». Il a cru en la France au point de s'identifier à elle. Il porte en lui son passé sans lequel nulle fondation nouvelle n'est possible. Il se confond même dans les derniers mois de son existence avec ce paysage qui l'entoure : « … il est le passé de la France, un visage sans âge, comme derrière lui la forêt couverte de neige qu'il a maintenant épousée…[138] ». Cette description est emprunte d'une profonde nostalgie. Ce « visage sans âge », c'est aussi celui de la mort : cet instant où la vie s'échappe à la recherche d'une parcelle d'éternité. Tout désormais, jusqu'à cette « forêt couverte de neige », rappelle la grandeur du messie républicain : le Cassandre de l'entre-deux-guerres, qui dans le débat sur la doctrine militaire de la France, ne parvient pas à imposer ces idées[139] ; l'homme de Londres et de la Résistance française qui place la France dans le camp des vainqueurs ; le législateur de 1958 qui met un terme à la guerre d'Algérie et assure le développement d'un Etat moderne.

De ces prestigieux modèles découlent aussi un ensemble d'attributs sans lesquels le mythe n'aurait guère de consistance et peu de chance d'être repéré comme tel. Les pouvoirs de la guérison,

---

[136] A. Malraux, op.cit., pp. 665-666.
[137] A. Malraux, op.cit.
[138] A. Malraux, op.cit.
[139] A ce sujet voir les communications du général Bruno Chaix (« Charles de Gaulle et le débat doctrinal au début des années trente ») et de Xavier Boniface (« *Vers l'armée de métier*, un plaidoyer stratégique et diplomatique ») in la publication des actes du colloque organisé par la Fondation Charles de Gaulle : *Charles de Gaulle, 1920-1940, du militaire au politique*, Paris, Plon, collection Espoir, 2004, pp. 91-124.

l'arbre de la vitalité, le feu et la lumière, mais aussi la foule ou les foules accompagnent notre homme providentiel.

Les attributs du sauveur

Les pouvoirs de la guérison

L'homme providentiel est thaumaturge à l'image de ces rois qui avaient le pouvoir de soigner en touchant les écrouelles ou de ces statues de saints auxquels il suffisait de se frotter pour espérer, dans la croyance populaire, la guérison. N'avaient-ils pas chacun leur spécialité curative que les fidèles en quête de soulagement n'ignoraient pas ? La littérature régionaliste du XIXe siècle, mais aussi la presse locale, fourmillent de récits où la magie le dispute au religieux, où l'invocation peut prendre l'aspect d'une véritable manifestation villageoise conduite par le curé en personne[140]. Il n'est donc pas de sauveur sans cette faculté à guérir qu'on reconnaît en eux. Là où tous ont échoué, on les croit capable de réussir. Plus la situation est désespérée, plus la confiance est forte. La foi a remplacé le jugement.

Le retour triomphal de Poincaré en 1926 « au chevet de la mère malade [141] » participe de ce phénomène. Le « médecin du franc » a déjà une très grande expérience politique : plusieurs fois ministre depuis la fin du XIXe siècle, président du Conseil à deux reprises, mais surtout président de la République en 1913. Il s'est forgé au cours de ces années une popularité comme peu d'hommes de la IIIe République en ont connu. Elle peut même surprendre certains observateurs. Dans son journal, Jules Claretié écrivait peu après l'élection de Poincaré à la présidence de la République : « Louis Dausset me disait son étonnement de voir croître cette popularité soudaine de Poincaré qui, petit et froid, un peu distant, ne semblait pas fait pour être populaire et qui l'est, et qui depuis son élection, est transformé, souriant, cordial, abordable. Il y a là un phénomène

---

[140] Nous trouvons des scènes de cette piété populaire et magique dans le roman d'Eugène Le Roy, *Jacquou le croquant*. Le Périgord noir du XIXe siècle, où se déroule l'action, est, à l'image de bien des régions rurales françaises de cette époque, encore marquées par ce fond mêlé de superstitions et de religion.

[141] Formule de François Roth, *Raymond Poincaré*, Paris, Fayard, 2000, p.482.

singulier, quelque chose d'inexplicable, d'irrésistible[142] ». Une forme de culte se développait même : des cartes postales sont éditées représentant le président en tenue officielle, inaugurant un monument ou participant à une cérémonie. Un éditeur de la Meuse tirait aussi en carte postale la propriété de Poincaré, tandis que *L'Est Républicain* offrait en prime à ses lecteurs « un magnifique buste de Monsieur Poincaré ». La victoire du Cartel des gauches en 1924 obligeait Poincaré à quitter la présidence du Conseil qu'il avait rapidement retrouvée après son septennat. Mais le naufrage financier des radicaux-socialistes lui ouvrait à nouveau les portes du pouvoir. En réserve de la République, Poincaré devenait le sauveur idéal. En réalisant autour de lui l'union nationale et la trêve des partis, soutenu par une intense campagne de presse sur le thème de « Poincaré-la-confiance », il mettait tous les atouts de son côté pour rétablir une situation financière jugée catastrophique. Les remèdes administrés par le président du Conseil furent immédiatement couronnés de succès. Le retour de la confiance ramena le calme sur les marchés des changes. Après une forte dévaluation, le franc commençait à s'apprécier par rapport à la livre sterling. La menace de faillite qui planait sur les finances publiques s'était comme par enchantement dissipée. La crise était passée. Et même si Alfred Fabre-Luce se sent « un peu triste d'être sauvé par Poincaré », une grande majorité de ses contemporains reconnaissants voue désormais un véritable culte à celui qui a « sauvé le franc ».

Au chevet de la France malade, le médecin n'a pas accompli de miracle. Comme le signale avec raison son biographe, François Roth, Poincaré réussit où d'autres avaient échoué parce qu'il avait su réunir dans son jeu les meilleures cartes : une large majorité parlementaire qui permit l'adoption rapide d'un ensemble de mesures techniques (majoration des impôts, économies budgétaires, équilibre de la trésorerie, amortissement de la dette flottante), l'appui de l'opinion publique apaisée et réconfortée par la presse alors qu'elle avait harcelé ses prédécesseurs, le soutien enfin des milieux d'affaires qui cessent de spéculer. Au final, seul le résultat compte : la guérison des finances publiques. Il correspond bien à

---

[142] Cité par François Roth, op. cit., p. 253.

l'acte de foi que constitua pour l'opinion publique l'appel au sauveur en cette année 1926. Un sauveur qui prit les traits du médecin expérimenté, illustre professeur de médecine, que viennent consulter confrères et patients quand la maladie s'avère plus difficile à soigner que prévu.

Que cela soit pour Pétain en 1940, de Gaulle en 1958, Pinay en 1952 ou encore Mendès France en 1954, bien des commentaires qui saluent leur arrivée au pouvoir relèvent du registre médical. Pour les uns, ils vont mettre un terme aux « souffrances du pays » en se penchant au « chevet du malade ». Pour les autres, il n'y a pas de doute possible, il possède « le remède » approprié pour débarrasser la France de ses maux les plus graves : de l'instabilité ministérielle aux guerres coloniales en passant par l'inflation et autres misères. Là encore la référence biblique n'est pas très éloignée. C'est celle du Jésus-Christ des évangiles qui rend la vue aux aveugles, fait parler les muets et entendre les sourds, lève les paralytiques et guérit les lépreux. Ces pouvoirs de guérison distinguent le sauveur du commun des hommes. Ils l'installent dans l'univers du mythe : celui d'une foi où la raison succombe.

A ces pouvoirs de guérison attribués à l'homme providentiel s'ajoute un autre élément tout aussi suggestif qui occupe une place essentielle dans ses différentes représentations : l'arbre.

L'arbre de la vitalité

Dans nos civilisations occidentales, l'arbre a toujours tenu une place importante. Il est le symbole de la victoire de la vie sur la mort, de l'enracinement dans une terre, de la permanence des valeurs. Il fut aussi longtemps tout à la fois l'indispensable matière première et l'unique combustible. Ainsi n'est-il pas seulement un élément déterminant de notre civilisation, il en est à l'origine. Si dans ces différents domaines le bois a cédé du terrain, il n'en conserve pas moins un fort pouvoir évocateur. La littérature est truffée de références arboricoles au rôle souvent majeur dans le cours du récit pour les auteurs qui les utilisent.

Dans le premier roman publié de Jean-Paul Sartre, *La nausée*, un immense marronnier d'un square d'une ville de Normandie révèle à Antoine Roquentin, en proie depuis plusieurs semaines à un profond malaise, rien moins que l'existence : « Donc j'étais tout à l'heure au Jardin public. La racine du marronnier s'enfonçait dans la terre, juste au-dessous de mon banc. Je ne me rappelais plus que c'était une racine. Les mots s'étaient évanouis et, avec eux, la signification des choses, leurs modes d'emploi, les faibles repères que les hommes ont tracés à leur surface. J'étais assis, un peu voûté, la tête basse, seul en face de cette masse noire et noueuse, entièrement brute et qui me faisait peur. Et puis j'ai eu cette illumination. Ca m'a coupé le souffle. Jamais, avant ces derniers jours, je n'avais pressenti ce que voulait dire « exister » »[143]. Le marronnier du Jardin public, dont la racine noire griffe le sol et s'y enfonce pour y puiser la vie, donne à notre héros sartrien la clé pour comprendre son mal être et le sauve d'un suicide envisagé. L'arbre a cette vertu, en dressant sa cime au dessus des hommes, d'incarner une force supérieure protectrice et fascinante à la fois.

Barrès, dans *Les déracinés*, évoque l'arbre de Monsieur Taine : un vigoureux platane du square des Invalides. Il prête au philosophe une description enthousiaste et émouvante de l'arbre visité quotidiennement : « Combien je l'aime, cet arbre ! Voyez le grain serré de son tronc, ses nœuds vigoureux ! Je ne me lasse pas de l'admirer et de le comprendre. Pendant les mois que je passe à Paris, puisqu'il me faut un but de promenade, c'est lui que j'ai adopté. Par tous les temps, chaque jour, je le visite. Il sera l'ami et le conseiller de mes dernières années… Il me parle de tout ce que j'ai aimé ; les roches pyrénéennes, les chênes d'Italie, les peintres vénitiens. Il m'eût réconcilié avec la vie, si les hommes n'ajoutaient pas aux dures nécessités de leur condition tant d'allégresse dans la méchanceté. Sentez-vous sa biographie ? Je la distingue dans son ensemble puissant et dans chacun de ses détails qui s'engendrent. Cet arbre est l'image expressive d'une belle existence. Il ignore l'immobilité. Sa jeune force créatrice dès le début lui fixait sa

---

[143] Jean-Paul Sartre, *La nausée*, Paris, Gallimard, 1938, p.161.

destinée, et sans cesse elle se meut en lui. Puis-je dire que c'est sa force propre ? Non pas, c'est l'éternelle unité, l'éternelle énigme qui se manifeste dans chaque forme. (...) Cette masse puissante de verdure obéit à une raison secrète, à la plus sublime philosophie, qui est l'acceptation des nécessités de la vie[144] ». Cette longue description aboutit quelques pages plus loin à la remarque essentielle : « Sturel admira que ce platane poussât contre les Invalides où repose la gloire de Napoléon[145] ». Le lien est fait entre la majesté, la puissance, la vitalité et la force de l'arbre et le grand homme sensé lui aussi posséder toutes ces qualités.

De nombreuses expressions populaires font aussi allusions au bois et aux arbres. Il n'est donc pas anormal de retrouver dans notre paysage « providentiel » des références nourries à l'arbre. Pétain fut sûrement celui qui suscita le plus l'imagination sylvestre de ses contemporains. L'homme n'est jamais décrit comme un vieillard qui ploie sous le poids des ans. Au contraire, nombre de journalistes soulignent qu'il demeure étonnement « droit » et « vigoureux ». C'est un « arbre toujours vert » qui a résisté aux affres du temps peut-on lire ici ou là. « Robuste », « vaillant », « actif », « solide comme un chêne », s'exclament fascinés nombre de chroniqueurs avant qu'il ne prenne à quatre-vingt-trois ans le chemin de l'ambassade française en Espagne[146]. La cérémonie en forêt de Tronçais, où l'on présente au maréchal son chêne, est l'occasion d'insister sur la vitalité du maréchal qui, à l'image de cet arbre de deux cent soixante dix ans, est « toujours jeune et vivace[147] ». La propagande de Vichy continua d'utiliser abondamment cette représentation. Mais quand la mort saisit le sauveur, c'est un chêne couché sur lequel pleure Marianne que dessine Faizant en première page du *Figaro*[148]. Quelques mois plus tard, Malraux rend hommage au général de Gaulle par un ouvrage passé à la postérité dont le titre est des plus évocateurs : *Les chênes qu'on abat*. L'arbre

---

[144] Maurice Barrès, op.cit., p. 597.
[145] Ibid., p. 600.
[146] Didier Fischer, op. cit., p. 256.
[147] J. Chevalier, op.cit., p. 155.
[148] *Le Figaro*, 10 novembre 1970.

accompagne ainsi l'homme providentiel jusqu'au tombeau. Abattu, il n'en paraît que plus grand.

Le feu et la lumière appartiennent aussi à l'ordre du discours providentiel. Ils accompagnent souvent les faits et gestes de l'élu charismatique.

Le feu et la lumière

Le feu purifie et la lumière souligne l'exception. Dans le registre des symboles ces deux éléments tiennent une place de choix. Ils sont indissociables de la foi et de la pratique religieuse. L'enfer est un immense brasier où le diable a élu domicile, tandis que Dieu dans les cieux est lumière. Une lumière dont bénéficient tous ceux qui l'approchent et recueillent ainsi une parcelle de sainteté. L'auréole nimbe la tête du saint et les petites flammes de l'esprit saint descendent sur la tête des apôtres. On mesure là dans la représentation religieuse l'ambivalence du feu. Il ne désigne pas seulement le mal qu'il faut éradiquer, mais aussi la pureté de ceux chargés d'enseigner la parole du Christ aux nations. Ces références au feu et à la lumière dans la bible sont nombreuses. Le buisson est toujours ardent et les conversions s'effectuent dans une lumière soudain éblouissante : qu'il s'agisse de Paul sur le chemin de Damas ou de l'empereur Constantin au pont Milvius.

Les représentations de l'homme providentiel n'échappent pas à cette tradition. Désigné par la Providence, il revêt l'habit de lumière sans lequel il serait méconnaissable aux yeux du plus grand nombre. L'imaginaire collectif ne souffre aucune exception à cette règle. La lumière est bien source de vie, d'espérance. Elle s'oppose aux ténèbres et au désespoir. Le salut s'accomplit alors dans ce passage de la nuit au jour : la fonction rédemptrice par essence du sauveur. Quand tout semble compromis, il peut s'avancer et répondre à l'appel qui monte vers lui en arborant son image lumineuse faite d'or et d'éclat. Du soleil d'Austerlitz qui fit tant pour la légende napoléonienne aux sept étoiles du maréchal qui à la fois éclairent et protègent le pays, la lumière triomphe des ténèbres. Que dire encore du regard du sauveur sinon que son éclat est toujours singulier et reflète l'aura du personnage ? En novembre 1935, Pierre Cot s'interrogeait dans *Vu* sur l'issue d'une éventuelle guerre civile « Front national contre Front populaire » et sur la nécessité pour l'éviter de faire appel à un homme pris en dehors des luttes politiques. Selon le futur ministre de l'Air du gouvernement Blum, cet homme ne pouvait être que le maréchal Pétain. Il n'était pas question pour lui de confier au maréchal la tête du gouvernement, mais seulement la délicate mission de faire régner l'ordre le temps nécessaire pour permettre à un ministère de se former librement. Cependant conscient de ne pas être suivi dans son choix par les partis de gauche, Pierre Cot lançait alors un appel au-dessus d'eux à « tous ceux qui ont vu cette chose étonnante : le regard du maréchal Pétain[149] ». Ce regard bleu et lumineux qui, depuis la bataille de Verdun, ne cesse d'alimenter les chroniques pas encore « people » des journaux populaires. Ce regard bleu et lumineux dans lequel se reflète la foule qui accompagne le sauveur.

La foule

Il n'est pas de sauveur qui ne soit dans ses déplacements entouré, sollicité, acclamé par des foules en délire. On se précipite sur son passage comme pour bénéficier de cette part d'onction divine. Le nombre renvoie à l'importance de la responsabilité. Si le pouvoir de l'homme providentiel est un exercice solitaire, puisque lui seul détient la solution, il ne peut l'isoler du peuple. Nombreuses sont les images qui représentent notre homme au cœur de ces foules. Photographies, films et récits sont là, pas seulement pour souligner sa gloire à la manière du triomphe romain, mais aussi pour perpétuer l'appel sur lequel se fonde son pouvoir, c'est-à-dire sa légitimité. Avant même cette entrée dans « l'ère des masses », la foule symbolise se rassemblement du peuple autour de celui qu'elle désigne comme son sauveur.

L'élection de Boulanger à la Chambre des députés en 1888 déclenche partout où il se rend des manifestations de ferveur populaire. Elu dans le Nord, il se déplace à Lille, Dunkerque,

---

[149] *Vu*, numéro hors série, 30 novembre 1935, pp. 18 et 19.

Denain, Anzin où des foules immenses l'attendent et l'acclament. Ces discours adaptés à chaque électorat font mouche et l'enthousiasme est à son comble, mais cela n'est rien à côté du triomphe que lui réserve Paris quand il vient pour la première fois siéger à la Chambre. Il est vrai que ses amis ont soigné la mise en scène et fait le nécessaire pour donner à l'événement un retentissement sans précédent. « Dans un landau découvert, tiré par deux alezans superbes ornés de cocardes et d'œillets rouges, conduit par un cocher en livrée étincelante, le général, entouré de Laguerre, Déroulède et Le Hérissé, parade dans la rue de Rivoli, au milieu d'une foule évaluée à 100 000 personnes. Les acclamations fusent de toutes parts, les mains se tendent vers le sauveur, on lui jette des brassées de roses et d'œillets rouge, en chantant les refrains de la boulange…[150] ». A plusieurs reprises, des admirateurs manquent de se faire renverser par les chevaux. Place de la Concorde le landau avance à peine tant la foule est compacte. Les vivats redoublent tandis que le préfet Lépine dont les hommes barrent le pont qui mène à la Chambre s'inquiète devant cette ferveur populaire. Le général que la police laisse passer n'appellera pas la foule à le suivre au grand soulagement de Lépine qui se voyait déjà balayé et la chambre envahie.

Les déplacements du maréchal Pétain après le 10 juillet 1940 suscitèrent des manifestations analogues. Il n'est pas un lieu visité par le chef de l'Etat où la foule ne se presse. Que cela soit en forêt de Tronçais, près du chêne qui lui est dédié, à Grenoble, en visite officielle, ou à Paris, quelques mois avant la Libération, la liesse est la même. Les rues et les places sont noires de monde et les quelques paroles que prononce le maréchal sont toujours écoutées dans un silence religieux avant d'être ponctuées par des cris enthousiastes. Les récits des journalistes, les photographies, les films pour les actualités cinématographiques insistent tous sur cette présence populaire qui incarne dans la propagande de l'époque la « vraie France », celle qui comme la terre « ne ment pas » et légitime la « révolution nationale » entreprise par le chef de l'Etat, quand ce

---

[150] Jean Garrigues, op.cit., p. 169.

n'est pas la collaboration avec les autorités allemandes[151]. Les mémorialistes de l'entourage du maréchal, à l'instar d'un Joseph Barthélémy, restent longtemps encore après la chute du régime de Vichy marqués par ces foules qui se pressaient au passage du cortège officiel, par ces milliers de visages qui guettaient tous un autre visage, celui du chef charismatique[152]. Il ne faut évidemment pas être dupe de ces récits ou de ces images. Leur fonction est de vanter les mérites de l'homme providentiel tout en donnant l'image d'une nation rassemblée. Quand la réalité peut laisser place à une interprétation différente, il est nécessaire de la maquiller. Ces parisiens, venus acclamer le maréchal Pétain le 26 avril 1944, étaient-ils aussi nombreux que le laisse voir les images tournées le jour de l'événement et proposées ensuite aux actualités cinématographiques ? S'il est difficile de douter que la foule ne fut pas au rendez-vous place de l'Hôtel de Ville, nous savons aujourd'hui que l'opérateur avait pris soin de resserrer son plan afin d'amplifier l'effet du nombre et le caractère compact de cette présence humaine.

Quelques mois plus tard, un autre sauveur, se présentait sur les mêmes lieux renouant, dans le film qui rendit compte de cette libération de Paris, avec la portée emblématique du monument, celle de l'insurrection populaire et de la proclamation de la République. Comme l'affirme Christian Delporte dans son analyse de ces images : « Si de Gaulle ramène avec lui la Patrie et la République, c'est le peuple de Paris qui l'intronise, comme il a, depuis un siècle, sacré les élus de la nation au nom de la France entière[153] ». Sans avoir été appelé, le général de Gaulle était désormais attendu par cette foule qui, dans ses *Mémoires de guerre*, il compare à la « mer » lors de sa descente des Champs-Elysées[154].

---

[151] Voir Claude Chabrol, *L'œil de Vichy*.
[152] Joseph Barthélémy, op.cit.
[153] Christian Delporte, *Images et politiques en France au XXe siècle*, Nouveau Monde éditions, Paris, 2006, p. 234.
[154] Charles de Gaulle, *Mémoires de guerre, Le Salut (1944-1946)*, Omnibus/Plon, Paris, 1994, p. 583 : « Ah ! C'est la mer ! Une foule immense est massée de part et d'autre de la chaussée. Peut-être deux millions d'âmes. Les toits aussi sont noirs de monde. A toutes les fenêtres

La marée humaine est bien là. Des centaines de milliers de personnes, de tous âges et de toutes conditions, ovationnent ce général dont ils n'aperçoivent souvent que de loin l'imposante silhouette à la tête d'un cortège de civils et de militaires. Si le film tiré de l'événement n'est pas un hymne à de Gaulle mais célèbre plutôt « l'unanimité patriotique du peuple français »[155], il n'en demeure pas moins que cette journée n'aurait pas été la même sans cette descente de l'avenue parisienne par le président du Gouvernement provisoire de la République française. La foule n'est pas seulement là pour célébrer la libération de la capitale, mais aussi pour approcher son héros. Celui qui avait été cette voix d'outre-manche avant de s'incarner dans de mauvaises photographies ou reproductions qu'on se passait sous le manteau. En fait, bien des Français ignorent encore à quoi ressemble le général de Gaulle. A la ferveur se mêle une part de curiosité, quand ce n'est pas le sentiment de participer à un moment historique. Une carte postale, que l'on retrouve encore aujourd'hui dans tous les manuels d'histoire de cette période, immortalisera cette journée du 26 août 1944 et contribuera au mythe gaulliste du sacre personnel du général. De Gaulle savoure ce rendez-vous avec les Français alors que commence un long compagnonnage avec ces foules bruyantes et enthousiastes, à peine interrompu par la « traversée du désert » entre 1954 et 1958. Il n'hésite d'ailleurs pas à affirmer dans ses *Mémoires de Guerre* à propos de cette descente des Champs-Elysées bien peu protocolaire : « Je vais à pied. Ce n'est pas le jour de passer une revue où brillent les armes et sonnent les fanfares. Il s'agit, aujourd'hui, de rendre à lui-même, par le spectacle de sa joie et l'évidence de sa liberté, un peuple qui fut, hier, écrasé par la défaite et dispersé par la servitude. Puisque chacun de ceux qui sont là a, dans son cœur, choisi Charles de Gaulle comme recours de sa peine et symbole de son espérance, il s'agit qu'il le voie,

---

s'entassent des groupes compacts, pêle-mêle avec des drapeaux. Des grappes humaines sont accrochées à des échelles, des mâts, des réverbères. Si loin que porte ma vue, ce n'est qu'une houle vivante, dans le soleil, sous le tricolore ».

[155] C. Delporte, op.cit., p. 229.

familier et fraternel, et qu'à cette vue resplendisse l'unité nationale[156] ». Le bain de foules appartient désormais au rituel des déplacements du général de Gaulle. De la Libération à la République gaullienne, via le temps du RPF, de Gaulle prit toujours un plaisir non dissimulé à aller ainsi à la rencontre du peuple. Sa signification est multiple, mais profondément politique. Elle marque cette volonté sans cesse affirmée d'un pouvoir éminemment populaire et d'un lien direct avec les Français. La foule est bien alors cet instrument politique indispensable de l'homme providentiel. Elle légitime son action.

Ces attributs sont autant de signes de reconnaissance du sauveur. Ils n'ont rien d'original et relèvent d'abord du stéréotype. Ce sont des figures imposées comprises de tous. L'intérêt ne porte pas sur la représentation en elle-même, mais bien sur la manière dont naît cette dernière. A l'origine, il existe toujours une crise politique d'une acuité particulière qui débouche sur une intense propagande en faveur de l'homme providentiel. La presse, la radio et plus tard la télévision vont jouer un rôle déterminant dans la construction de l'image de celui par qui le salut doit arriver. Dans la majorité des cas, c'est le sauveur en personne qui écrit le scénario de son accession au pouvoir et qui orchestre le tintamarre médiatique avec l'aide de son entourage.

---

[156] De Gaulle, op.cit., p. 583.

Une communication de crise

La crise engendre l'appel
Ce constat relève de l'évidence. C'est toujours dans les situations de doute et de désarroi que surgit l'homme providentiel. Depuis 1870, la France n'a pas été épargnée par les crises politiques. Pour autant toutes n'ont pas engendré l'image charismatique du sauveur. Certaines ont pu s'achever sur l'organisation d'une répression totale à l'instar du soulèvement de la Commune ou d'autres sur le recours à l'élection comme cela fut le cas en Mai 68. En fait, de leur nature profonde, de leur intensité et du contexte dans lequel elles se déroulent, dépendent les réponses mises en œuvre pour trouver une solution.

Depuis 1870, les grandes crises politiques qui ont marqué le pays sont toujours issues d'un aveu de carence de l'autorité publique. Elles marquent un dérèglement des mécanismes politiques, une rupture dans l'autorité du pouvoir qui peut aller jusqu'à sa vacance comme ce fut le cas, après la démission du gouvernement Félix Gaillard, en avril 1958. Sous la IIIe et la IVe République, l'instabilité gouvernementale précède toujours la crise, mais elle ne suffit pas à l'expliquer. Il faut un événement majeur qui fasse que le système en place ne puisse lui survivre. Sans la défaite de juin 1940 ou la guerre d'Algérie et l'insurrection du 13 mai, il est probable que les institutions n'auraient jamais été remises en cause. L'appel au sauveur serait alors resté lettre morte. Les défaites militaires et les conflits - que l'autorité politique ne sait plus comment mener parce qu'ils portent en eux malheurs et incertitudes - sont propices à la rhétorique salvatrice et à l'émergence de la figure charismatique du sauveur. Pour autant, est-il toujours un pur produit de l'histoire ? Rien n'est moins sûr !

Si Tolstoï, dans *Guerre et Paix*, défend l'idée d'un déterminisme historique, la philosophie politique qui l'a affirmé avec le plus de netteté, c'est le marxisme. Les hommes politiques ne seraient que le reflet de l'infrastructure économique et sociale. Or, dans la pratique, les régimes communistes furent dirigés par des dictateurs qui subordonnèrent l'économie à l'idéologie et dont le culte, que cela soit pour Staline ou Mao, les présentait sous les traits de l'homme providentiel. Au fond, comme le signale Jacques Julliard, « ce que le marxisme cherchait à éradiquer, c'était la part d'arbitraire inhérente à la notion même de politique, autrement dit la part de l'homme[157] ». Il a donc échoué dans sa tentative. En définitive, l'appel au sauveur naît bien de cette rencontre d'une personnalité – cette « part de l'homme » – avec des circonstances historiques exceptionnelles. L'un ne peut aller sans l'autre. Il y a ainsi une très grande part de hasard dans l'élaboration d'une solution charismatique. Bien des époques sont dénuées de sauveur, non pas par absence de fortes personnalités, mais tout simplement parce que les circonstances ne s'y prêtent pas. Et la réciproque peut être tout aussi vraie. Bien des crises trouvent leur solution en dehors de l'appel au « grand homme », dans la mesure où parfois son image semble avoir déserté le jeu politique[158].

Si la crise ne fait pas toujours de l'appel au sauveur sa solution, ce dernier n'existe pas sans elle. Ce lien est donc bien consubstantiel, comme nous l'avons déjà signalé à plusieurs reprises, et donne lieu a ce que nous appellerions aujourd'hui une communication de crise : une communication maîtrisée par le sauveur.

Une propagande orchestrée

Le retour au pouvoir du général de Gaulle en mai 1958 relève de cette catégorie. L'insurrection du 13 mai 1958, qui voit le bâtiment du Gouvernement général à Alger pris d'assaut par les manifestants qui protestent contre l'imminence de l'investiture à Paris d'un président du Conseil soupçonné de vouloir brader l'Algérie, est l'événement qui permet au général de Gaulle de revenir au cœur du jeu politique. Si Pierre Pflimlin est malgré tout investi, un comité

---

[157] Jacques Julliard, *Que sont les grands hommes devenus ?*, Paris, Editions Saint-Simon, 2004, pp. 74-75.
[158] Nous y revenons en détail dans notre troisième partie sur la postérité de l'homme providentiel.

de salut public est créé à Alger dont le général Massu, poussé par la foule, prend la tête. Proche de l'homme du 18 juin, Massu ne cache pas ses intentions. La gravité de la situation appelle au pouvoir un homme d'expérience, de détermination et de courage. Cette personnalité ne peut être que celui qui a su redonner à la France son rang parmi les puissances victorieuses de la Seconde Guerre mondiale. Avait-il besoin de Léon Delbecque, comme on l'a souvent dit, pour lâcher devant une foule surexcitée le nom du général de Gaulle ? Probablement pas ! Son nom circulait depuis plusieurs semaines en Algérie et en métropole. Des personnalités comme Jacques Soustelle ou Michel Debré réclamaient le retour du général pour mettre un terme à la crise et résoudre la question algérienne. Léon Delbecque, qui avait la confiance de Jacques Soustelle, s'était beaucoup investi à tisser les liens entre les gaullistes de Paris et ceux d'Alger. Pour autant, le succès jusque-là n'était pas au rendez-vous. Si les sondages faisaient du général de Gaulle une figure populaire, aucun quelques mois avant le 13 mai ne laissait penser à son retour au pouvoir. A croire que la situation n'était pas encore jugée suffisamment grave par les Français pour que la Providence s'en mêlât.

Il aura ainsi fallu une folle journée algéroise où les gaullistes jouèrent un rôle déterminant pour que le pays redécouvre son grand homme. La presse, la radio, la télévision ont tous fait écho aux propos tenus par le général Massu au balcon du gouvernement général : « Moi, général Massu, je viens de former un comité de salut public (suit la liste de ce comité) (…) pour qu'en France soit formé un gouvernement de salut public présidé par le général de Gaulle [159] ». L'appel ne souffre aucune ambiguïté. Le comité de salut public sous l'influence des gaullistes se met au service du général de Gaulle. L'instrumentalisation politique est évidente, mais jusqu'où ne pas aller trop loin par rapport au pouvoir parisien tout en faisant peser une menace suffisamment forte pour être crédible auprès des Français ? Le dénouement de la situation est contenu dans ce subtil dosage qui doit faire naître le désir dans la population

---

[159] Cité par Michel Winock, *L'agonie de la IVe République*, Paris, Gallimard, 2006, p. 30.

et dans les plus hautes sphères de l'Etat du retour du général. Tout comme pour le Timoléon de Plutarque où « lorsque son nom fut prononcé, le peuple accueillit cette proposition avec enthousiasme et l'élut à main levée[160] », il faut que l'appel au général ne puisse être rejeté. Battre le fer tant qu'il est chaud fut donc la stratégie adoptée par de Gaulle. La crainte réelle ou imaginaire d'une opération en métropole des militaires d'Alger entretient un climat proche de la guerre civile qui ne peut que servir le retour de l'homme du 18 juin. L'appel de Massu n'a pas été un flop. Si tous les journaux n'aboutissent pas aux mêmes conclusions, il est repris et commenté le lendemain dans la presse locale et nationale. *Le Figaro* se prononce pour le rétablissement de l'autorité légale, *Libération* appelle à « la mobilisation des forces démocratiques qui doivent être prêtes à la riposte », mais pour *Le Parisien libéré,* il ne peut y avoir qu' « un seul recours : de Gaulle[161] ». Après une journée d'observation où Alger et Paris se jaugent, le 15 mai en fin de matinée, le général Salan - qui détient la totalité des pouvoirs de l'Etat en Algérie - s'adresse à la foule massée sur le Forum et termine son allocution par un « Vive de Gaulle » retentissant. Désormais, la voie est ouverte pour celui que l'on presse de la sorte à prendre position. C'est par la force du verbe dont il est un habitué et en trois initiatives savamment dosées et échelonnées dans le temps qu'il orchestre son retour.

Le 15 mai, à 17 heures, le général de Gaulle fait diffuser par son secrétariat un communiqué où il se dit « prêt à assumer les pouvoirs de la République ». Il se garde bien d'ailleurs de répondre aux insurgés. En fait, il s'adresse au pays. Le texte est court, mais il est à la fois un diagnostic des causes de la crise, une évaluation de ses effets et l'ébauche de la solution : « La dégradation de l'Etat entraîne infailliblement l'éloignement des peuples associés, le trouble de l'armée au combat, la dislocation nationale, la perte de l'indépendance. Depuis douze ans, la France aux prises avec des

---

[160] Plutarque, *Vies parallèles*, *Timoléon*, VII. 2., Quarto-Gallimard, Paris, 2001, p. 470.
[161] Cité par René Rémond, *Le retour du général de Gaulle,* Editions Complexe, Bruxelles, 1983, p.74.

problèmes trop rudes pour le régime des partis, est engagée dans ce processus désastreux. Naguère le pays, dans ses profondeurs, m'a fait confiance pour le conduire tout entier jusqu'à son salut. Aujourd'hui, devant les épreuves qui montent de nouveau vers lui, qu'il sache que je me tiens prêt à assumer les pouvoirs de la République ». Dans un style d'une grande concision, Charles de Gaulle reste fidèle aux critiques qu'il adressait dès 1946 à la IVe République naissante et se met à la disposition du pays. Il ouvre ainsi la porte à son retour vu comme une solution aux maux dont souffre la France. Loin de simplifier la situation, l'entrée en lice du général de Gaulle la complique. En effet, elle affaiblit la position du nouveau président du Conseil Pierre Pflimlin et semble condamner tout rétablissement de la légalité par des voies ordinaires. Le directeur du Monde, Hubert Beuve-Méry, alias Sirius, dans un éditorial intitulé « Paroles malheureuses » comprend bien toute l'ambiguïté de la situation créée par l'intervention du général de Gaulle. Il n'y a plus désormais deux pouvoir rivaux, mais trois : le pouvoir légal à Paris avec Pierre Pflimlin, le pouvoir de fait à Alger autour des généraux Salan et Massu et le pouvoir moral incarné par de Gaulle. Il est clair, que si rien n'est encore fait, l'homme providentiel est en selle. Pour autant, la classe politique écarte encore l'idée de faire appel à lui dans la mesure où il ne condamne pas les factieux. Il faudra deux semaines d'une très grande intensité dramatique pour que de Gaulle parvienne à ses fins et réussisse à rallier sur son nom une majorité de députés d'horizons politiques différents. Le tour de force a pu paraître extraordinaire. Il ne l'était pas en fait. Si pour le Parti communiste et la CGT de Gaulle participait du complot fasciste contre la République, d'autres exprimaient des opinions beaucoup plus nuancées. L'attitude de Guy Mollet, vice-président du Conseil et secrétaire général de la SFIO, en témoigne. Ce dernier ne nourrissait pas des convictions *a priori* hostiles à un retour du général dans la mesure où celui-ci prendrait des formes démocratiques. Guy Mollet redoutait deux éventualités : un putsch qui instaurerait une dictature militaire ou la formation d'un Front populaire qui ouvrirait la voie à une dictature du parti communiste. Le retour du général qui écarterait ces deux périls était donc pour lui envisageable à condition qu'il reconnaisse le gouvernement Pflimlin comme seul légitime, qu'il soit prêt à désavouer les promoteurs des comités de salut public et qu'il soit disposé à observer les formes prévues par la constitution pour son investiture. Ainsi le sauveur devait-il revêtir dans son esprit une pourpre républicaine et démocratique.

En fait ce que beaucoup, à l'instar de Guy Mollet, attendaient du général, c'est qu'il rassure sur ses intentions démocratiques.

Pour de Gaulle, il est désormais urgent de répondre aux interrogations suscitées par sa première intervention. Il va s'y employer en annonçant pour le 19 mai la tenue d'une conférence de presse. Le jour dit, une foule impressionnante de journalistes, mais aussi de curieux s'entasse dans la salle du Palais d'Orsay. Après une brève déclaration liminaire, de Gaulle se livre à l'exercice des questions. La modération de ses propos surprend. Avec une grande habileté, il explique à son auditoire que la solution à la crise ne pourra être que régulière et relever des institutions de la République. Il n'a pas l'intention d' « entreprendre à 67 ans une carrière de dictateur ». Si l'accord ne pouvait se faire, il ne lui resterait plus qu'à « rentrer dans son village ». Sur le moment, ses déclarations ne semblent pas de nature à bouleverser la donne des jours précédents. Elles vont pourtant marquer le signe des premiers ralliements personnels. Le voyage à Colombey devient le rituel de ceux qui conseillent, encouragent et rejoignent le général dans son entreprise[162]. Cette deuxième initiative déstabilise encore un peu plus le pouvoir en place. Le gouvernement n'est plus certain d'être obéi même en métropole. Jules Moch sent la police lui échapper. L'armée affiche presque ouvertement son insubordination. Une formation aérienne survole La Boisserie en dessinant dans le ciel la croix de Lorraine. Le 24 mai, les parachutistes d'Alger débarquent en Corse et se rendent très rapidement maître de l'ensemble de l'île. Le spectre de la guerre civile plane sur le pays tandis que, selon la formule de Jacques Fauvet, « le pouvoir abandonne le pouvoir ».

---

[162] Le premier à se rendre à Colombey fut Antoine Pinay. Il s'y rend le 22 mai pour s'enquérir des conditions que le général mettrait à son retour. D'autres lui écriront, tel Vincent Auriol, pour l'interroger ou lui adresser des recommandations.

Le président du Conseil a compris que la solution ne pourra intervenir que dans son effacement pour laisser la place au général de Gaulle. Il sollicite à cette intention un rendez-vous auprès du général. Ce dernier accepte à condition que l'entrevue reste secrète. La rencontre aura lieu au parc de Saint-Cloud, dans la nuit du 26 au 27 mai. Pierre Pflimlin avant de se retirer souhaite obtenir de son interlocuteur un désaveu des gens d'Alger. Ce dernier le lui refuse et les deux hommes se séparent sans accord. La rencontre a échoué, pourtant de Gaulle ne souhaite pas en rester là. Quelques heures après avoir quitté Pflimlin, il lance sa troisième initiative. Il publie un communiqué où il prend désormais résolument l'initiative : « J'ai entamé hier le processus régulier nécessaire à l'établissement d'un gouvernement républicain, capable d'assurer l'unité et l'indépendance du pays. Je compte que ce processus va se poursuivre et que le pays fera voir, par son calme et sa dignité, qu'il souhaite le voir aboutir. Dans ces conditions, toute action de quelque côté qu'elle vienne, qui met en cause l'ordre public, risque d'avoir de graves conséquences. Tout en faisant la part des circonstances, je ne saurais l'approuver. J'attends des forces terrestres, navales et aériennes présentes en Algérie, qu'elles demeurent exemplaires sous les ordres de leurs chefs… ». C'est le langage du chef que tient désormais le général de Gaulle. Il s'adresse au pays et à son armée comme s'il avait déjà le pouvoir. Il veut précipiter les événements en créant une situation irrémédiable. Cette dernière mise en scène crée un profond malaise dans les rangs de ceux qui commençaient à se résoudre au retour du général de Gaulle. Le groupe socialiste vote une motion par 112 voix contre 3 dans laquelle il s'engage en aucun cas à se rallier à une candidature de Gaulle qu'il juge dans la forme où elle est posée comme « un défi à la loi républicaine ». La manifestation de la défense de la République du 28 mai est un succès. Près de 400 000 personnes ont défilé dans les rue de la capitale avec en tête du cortège des personnalité comme Pierre Mendès France, François Mitterrand, Edouard Daladier, André Philip, mais aussi les responsables du Parti communiste, du MRP, de la CGT, de la CFTC, de l'UNEF… Mais cette manifestation révèle aussi la division des défenseurs de la République qui ne peuvent s'unir que sur le refus de la dictature militaire. En fait, cette démonstration des forces démocratiques ne pesa pas sur le cours des événements. Le matin même Pierre Pflimlin avait remis sa démission au Président Coty. Le jeudi 29 mai, le Président de la République annonce sa décision de faire appel au « plus illustre des Français ». Il faudra tout le talent de Guy Mollet pour qu'une partie des parlementaires socialistes revienne sur sa décision de ne jamais voter pour le général de Gaulle. La SFIO se divisa en deux et de Gaulle, qui se présenta en personne devant l'assemblée, fut investi le 1er juin par 329 voix contre 224. Il devenait ainsi le dernier président du conseil de la IVe République, puisque l'Assemblée, dans un autre vote, permettait d'engager la rédaction d'une nouvelle constitution.

Il est clair que le général de Gaulle, avec l'aide de quelques fidèles compagnons, a lui-même orchestré son retour. La Providence n'existe que pour la population qui sait se laisser convaincre. Rien dans cette résurrection politique n'a été dû au hasard. Pourtant, il n'était pas écrit que la réussite serait au bout de l'entreprise tant la tâche était complexe. A tout moment, le « retour au village » était possible. L'ampleur de la crise, l'art de la manœuvre, le poids d'un passé glorieux rendent en définitive crédible cette image du sauveur sous les traits de ce général de 67 ans qui n'a pas l'intention de débuter à cet âge « une carrière de dictateur ».

La presse et la représentation de l'homme providentiel

Quelles que soient les époques concernées, les médias sont les vecteurs essentiels de cette représentation de l'homme providentiel. La presse joua un rôle déterminant dans l'affirmation d'une image. A une époque où elle pénètre encore de nombreux foyers, les visages charismatiques des Boulanger, Poincaré, Pétain doivent beaucoup à la plume agile et « imaginative » des journalistes de la presse écrite. Grâce à ces derniers de véritables campagnes peuvent être ainsi menées quelquefois même à l'insu du « grand homme » qui découvre avec plaisir tout l'intérêt qu'il suscite. Ce n'est évidemment pas toute la presse qui succombe au charisme de l'homme providentiel, mais une partie d'entre-elle. Celle qui se veut populaire, qui s'inscrit dans l'émotion et la foi plutôt que la réflexion, celle qui déjà court après les tirages les plus élevés et qui devient dès lors le plus fervent soutien du grand homme.

Boulanger et le boulangisme sont ainsi portés sur les fonts baptismaux de la Providence par de nombreux titres dont certains furent créés pour l'occasion et connurent des succès retentissants. Pour *Le Figaro* qui ne cède pas aux charmes du « général revanche » et qui analyse avec lucidité le phénomène boulangiste naissant[163], combien d'autres journaux lui manifestèrent un soutien sans nuance ! Jean Garrigues, dans sa biographie du général Boulanger passe en revue cette presse « revancharde » qui éclot alors[164]. Pour le premier numéro de *La France régénérée*, « la guerre est inévitable » et « Boulanger saura la gagner[165] ». De la même manière, *L'Etendard français* en appelle au général Revanche :

« Tire-nous de l'abîme où notre orgueil se traîne,
Conduis nos légions au glorieux chemin !
Rends-nous l'honneur ! Rends-nous l'Alsace et la Lorraine,
Reviens en ramenant les deux sœurs par la main ».

« Une myriade de petits journaux patriotiques et revanchards[166] » se développe pour porter vers le pouvoir Boulanger. Il n'est d'ailleurs pas étranger à cette éclosion dans la mesure où cette presse est discrètement encouragée par le ministère de la Guerre. *La Défense nationale*, *La France militaire*, et surtout *La Revanche*, qui

---

[163] *Le Figaro*, 25 juillet 1886, sous la plume de Philippe de Grandlieu : « Traitons tout à notre aise le général Boulanger, en le qualifiant, si vous voulez, de charlatan et d'aventurier ; il n'en reste pas moins que ce n'est pas un sot. Il a compris que la France humiliée avait soif d'un prince ou tout au moins d'un soldat ; et puisque la nation aime le panache, il s'est mis à agiter le sien devant la foule…Il n'a pas eu besoin de beaucoup réfléchir pour comprendre que le seul général en mesure de s'imposer définitivement à la France est celui qui donnera au patriotisme en deuil la revanche de Metz et de Sedan ! ».
[164] Jean Garrigues, *Le général Boulanger*, Paris, Perrin, 1991, p. 73-75.
[165] Ibid.
[166] Ibid.

dès son premier numéro tire à plus de 150 000 exemplaires, deviennent les fers de lance de la campagne boulangiste. Le général peut aussi compter sur une recrue de choix en la personne de Paul Déroulède et de son journal *Le Drapeau*, qui depuis le début de l'année 1886 « ne cesse de vitupérer l'impuissance des gouvernements républicains, et d'en appeler au sauveur, à l'homme providentiel...Boulanger[167] ». Ces journaux se firent aussi les relais des libelles et chansons à la gloire du général dont la plus célèbres de toutes fut entonnée par des centaines de milliers personnes, *C'est le Général Boulanger* :

« Peuple français, renais à l'espérance
Lève le front, ne crois plus au danger.
Un général a relevé la France,
Ce général, c'est Boulanger.[168] »

Après l'affaire Schnaebelé en avril 1887, la presse boulangiste redouble d'éloges pour son héros. Pour elle, c'est lui et lui seul qui a fait reculer Bismarck, qui a défendu l'honneur national et qui a ainsi vengé la défaite de 1870 ! Aussi quand Boulanger est écarté du gouvernement en mai 1887, puis nommé au commandement du 13ᵉ corps d'armée à Clermont-Ferrand par un décret en date du 29 juin 1887, l'indignation et la colère l'emportent-elles dans les colonnes « revanchardes ». Rochefort dans son journal *L'intransigeant* se déchaîne : « Le ministre a enfin pris un parti énergique...Il vient de déporter le général Boulanger. Seulement, comme il eût été difficile de trouver un Conseil de guerre pour le condamner à cette peine afflictive, on l'a déporté sans jugement. On lui a assigné comme lieu de détention les montagnes d'Auvergne[169] ». Rochefort appelle alors les Parisiens à manifester leur soutien au général Boulanger lors de son départ pour Clermont-Ferrand. Le journal fournit même un plan détaillé de l'itinéraire qu'il empruntera pour se rendre à la gare. Une foule dense, entonnant à pleine poitrine les hymnes à la gloire de son héros et conspuant les Ferry et Grévy, est au rendez-

---

[167] Ibid., p. 76
[168] Citée par J. Garrigues, p. 75.
[169] Ibid., p.95

vous. Près de 10 000 personnes dans une cohue indescriptible tenteront d'empêcher ce départ.

Boulanger bénéficia donc du soutien d'une partie de la presse. Une presse nationaliste et souvent populaire pour qui le général était devenu face à l'Allemagne le recours pour effacer l'humiliation de 1870. Si la presse nationale plus modérée a commenté l'épopée boulangiste, elle ne l'a guère soutenue. Il en fut autrement avec le retour de Poincaré en 1926.

Raymond Poincaré sut attendre patiemment la désagrégation du Cartel des gauches. Il se tint à l'écart allant jusqu'à refuser le portefeuille des finances que lui offrait Aristide Briand après la chute de son cabinet en décembre 1925. La presse ne manqua pas dans un premier temps de remarquer sa prudence et de louer ses vertus. Le journaliste Georges Ponsot notait dans *L'Ere nouvelle* : « Prudemment, M. Poincaré s'écarte de la bande. M. Poincaré est trop intelligent des hommes et des événements. Il sait que l'attente n'est pas le plus grand maux mais la forme de l'habileté[170] ». Pour ce journaliste, il ne fait aucun doute que Poincaré attend son heure. Sa science « des hommes et des événements » est un atout précieux pour celui qui n'a pas renoncé au pouvoir et qui se place en recours. Vingt mois après sa démission, Raymond Poincaré revenait triomphalement au pouvoir en formant un gouvernement d'union nationale. Son retour effaçait l'atmosphère délétère de la valse des ministères qui donnait l'impression que le pays n'était plus gouverné. L'appel à Poincaré n'était pas le fait du hasard. Depuis plusieurs semaines, le « sauveur du franc » se tenait prêt. Il avait pris nombre de contacts. Le lendemain de la chute du cabinet Herriot, son nom faisait la une de la grande presse. Il fallait un homme d'expérience pour faire face à une crise sans précédent, un homme d'Etat en capacité d'imposer ses choix au plus grand nombre. Qui en dehors de Poincaré, ancien président du Conseil, ancien président de la République, pouvait le mieux répondre à la définition de la presse ? Poincaré avait toujours su entretenir d'excellentes relations avec la presse écrite. Il avait ses entrées et ses amitiés parmi les directeurs des grands journaux comme parmi

---

[170] *L'ère nouvelle*, 13 juillet 1925

les journalistes. Chaque année, comme le signale son biographe François Roth, il assistait au banquet des journalistes républicains[171]. Ainsi était-il bien introduit à l'*Agence France-Presse*, au *Temps*, à *L'Echo de Paris*, au *Matin*, à *Excelsior*, au *Petit Parisien*. Un journaliste d'origine nancéienne, qui travaillait au *Petit Journal*, alimentait la presse de province de papiers à la gloire de Poincaré. Ce dernier entretenait un réseau de relations précieux pour sa carrière politique. *L'Illustration*, dont le directeur René Baschet était un ami personnel, constituait un maillon essentiel de cette chaîne médiatique au service du culte de « l'illustre homme d'Etat ».

Une véritable campagne de presse, comme nous l'avons déjà signalée, – qui dépassa les clivages politiques - sur le thème de « Poincaré-la-Confiance » accompagna donc son retour[172]. Sans en être à l'origine, il l'encouragea. Il fallait bien gagner de nombreux milieux au recours qu'il représentait. La grande presse, après avoir dramatisée à l'excès la situation financière du pays, pouvait ainsi faire pression sur les plus réticents en jouant les Français, qu'elle était sensée représenter, contre les parlementaires. La presse faisait ainsi le lit de l'homme providentiel, de celui qui bientôt resterait dans l'imaginaire populaire et politique comme « le sauveur du franc ». Peu importe si le franc ne fut pas, et de loin, son unique préoccupation. Un homme comme Poincaré n'a jamais voulu voir son rôle se limiter à celui d'un « super ministre des finances ». Pourtant qu'il est dur d'aller ensuite à contre courant de la *vox populi* si bien travaillée par la presse.

Si cette dernière a joué un rôle déterminant dans l'appel au sauveur, elle le fit d'une manière bien différente que pour Boulanger. Le caractère étroitement nationaliste et germanophobe des campagnes des années 1880 n'est plus d'actualité après la victoire de 1918. Le sabre qui doit laver l'affront en terrassant l'hydre germanique n'est pas l'image du sauveur que retient la presse en 1926, même si cette dernière ne manque pas de faire des allusions à l'occupation de la Ruhr de 1923. C'est au contraire

---

[171] François Roth, *Raymond Poincaré*, Paris, Fayard, 2000, p. 493
[172] François Roth, op. cit., p. 483

l'image rassurante de l'expérience, de l'homme d'état soucieux de préserver l'union nationale qui est retenue. Le spectre poincariste était large. La presse n'inventait rien. Ses bonnes plumes ne retrouvaient-elle pas là l'encre et les accents de l'Union sacrée ?

En dehors de Boulanger et de Poincaré, s'il existe un autre personnage dont la presse s'empara pour l'accompagner jusqu'au pouvoir ultime, ce fut bien le maréchal Pétain dont le mythe atteint une force paroxystique.

De 1916 à 1940, la presse contribua à forger trois représentations successives de Philippe Pétain, mais qui s'imbriquèrent le moment venu, pour constituer cette image idéale de l'homme providentiel : le chef, le héros national, le sauveur. Il n'existe pas durant toutes ces années un journal ou un magazine qui ne lui ait pas à un moment ou un autre consacré un titre de une ou un article fourni. La presse découvre Pétain dans la grande épreuve que constitua la bataille de Verdun. Le premier portrait détaillé du général qui commande l'armée française paraît le 3 mars 1916 dans *Le Petit Journal*. D'emblée le général Pétain est qualifié de « grand chef » aux qualités morales, militaires et physiques exceptionnelles. L'article faisait un sort nourri à la modestie naturelle du général « car il a horreur de tout ce qui est publicité ». Alors que nombre de militaires se laissaient photographier, que l'on s'échangeait leurs portraits sous forme de cartes postales, *Le Petit Journal* constatait qu'on n'avait pu obtenir de Pétain le moindre cliché. Le rédacteur s'extasiait encore de la popularité dont il jouissait auprès de ses hommes et de la manière dont il se comportait au milieu d'eux : « Récemment, en Champagne, on le vit parcourir cinq kilomètres au pas de gymnastique dans la terre détrempée, à la tête d'une compagnie de découverte. Combien de fois ne s'est-il pas amusé à aller surprendre un officier observateur sur son perchoir ou à provoquer un sergent au saut d'un fossé ? Ces procédés en imposent aux troupiers d'autant qu'il sait aussi partager leurs fatigues et leurs souffrances, le sourire aux lèvres et la blague à la bouche. Il n'est jamais plus heureux que quand il est forcé de rester sans manteau sous la pluie devant les troupes. C'est sur son initiative que l'autorité militaire a obtenu pour certaines unités que je ne veux pas désigner davantage le privilège d'être exemptées de tranchées pendant quelques mois[173] ». Pour finir, le journaliste mettait l'accent sur la résistance physique du général. Il avait un secret bien sûr ! Ne pesait-il pas chaque jour sa nourriture ? Il s'en expliquait de la sorte : « Voyez les chevaux d'armes, on les tient en condition, on leur mesure leur nourriture, on les entraîne, pourquoi n'en fait-on pas autant pour les officiers ? La résistance physique d'un chef a au moins autant d'importance que ses connaissances militaire »[174] Ajoutez à la diététique un exercice matinal de saut à la corde et vous obtenez un jeune chef dynamique ! « Tous ceux qui ont vu ce général de cinquante-neuf ans s'accordent à reconnaître qu'il est agile et leste comme s'il sortait de Saint-Cyr ». Aussi ce régime sportif lui permit-il de passer « l'effroyable semaine qui vient de s'écouler autour de Verdun sur le siège d'une automitrailleuse dont il a fait sa chambre à coucher et son cabinet de travail[175] ». Véritable morceau d'anthologie, cet article participe de cette représentation du bon chef à laquelle le nom de Pétain sera ensuite toujours accolé. Il fixe un certain nombre de stéréotypes que la presse dans son ensemble reprendra. Il manque néanmoins un visage à cet homme exceptionnel. C'est Maurice Barrès, quelques semaines plus tard, qui lui donne dans un article pour *L'Echo de Paris* : « Une demi-douzaine d'officiers et de sous-officiers dans le corridor et dans l'escalier, une salle aux quatre murs blancs de plâtre, des chaises de paille, une table de bois noircie – simplicité, nudité, pauvreté de cette pièce de hasard, où le chef passe de longues heures durant la bataille – le voilà : grand, complètement chauve, une certaine majesté naturelle, une façade glaciale sous laquelle on devine l'être plein de chaleur. Pour un tel homme, toute sa vie, rien n'existe que les choses de l'armée et dans ces semaines où l'univers pense à lui, pas une de ces pensées ne vient jusqu'à son être qui tout entier ne connaît que les problèmes d'exécution qui lui furent confiés[176] ». Là encore cette description devint un classique du genre puisqu'elle fut ensuite de nombreuse fois reprise. Barrès

---

[173] *Le Petit Journal*, 3 mars 1916
[174] Ibid.
[175] Ibid.
[176] Maurice Barrès, « La route sacrée, *L'Echo de Paris,* 15 avril 1916

poursuivait en insistant sur l'abnégation, le sens du devoir dont le chef faisait preuve. Rien ne pouvait venir troubler cet homme tout entier tendu vers un seul but : tenir et vaincre. Lyrique, il concluait par une apologie de la puissance. Puissance temporelle, puissance spirituelle qui résidaient selon lui dans la faculté qu'avait Pétain d'ouvrir ou de contenir « le robinet de sang », et de distribuer la « foi, l'espérance et l'énergie[177] ». « Propagande stupide », peut-être, mais qui contribua « à faire de Pétain l'idole de la France ». Par ces deux articles, le Français découvrait ce général qui commandait à Verdun. Un général dont la représentation qu'en donnait la presse appartenait déjà largement au domaine de l'imaginaire.

C'est sur le même registre que la presse contribua à fabriquer, la paix retrouvée, une deuxième représentation de celui devenu pour tous le « vainqueur de Verdun » : celle du héros national. Du défilé de la victoire sur les Champs-Elysées en 1919 à son accession au ministère de la Guerre en 1934, via sa réception à l'Académie française en 1931, la presse ne va pas manquer d'occasions de rencontrer le maréchal. Et cela d'autant plus qu'il est loin dans les années de l'entre-deux-guerres d'avoir abandonné la scène publique : dès 1920, il est propulsé à la vice-présidence du Conseil supérieur de la guerre ; en 1925, à la demande de Paul Painlevé, il se rend au Maroc pour mettre un terme au soulèvement d'Abd el-Krim dans le Rif ; enfin en 1931, il est nommé à l'inspection générale de la Défense aérienne du territoire. A cela, est-il nécessaire d'ajouter qu'il est constamment sollicité pour participer à nombre d'inaugurations, de déjeuners, de congrès d'anciens combattants ? Cela constitue autant d'occasions pour la presse de vénérer l'icône nationale. Si la presse de droite est plus prompte à parer de tous les mérites Pétain, celle de gauche n'est pas absente non plus[178]. Le profil d'un chef illustre, prestigieux aux qualités intellectuelles et humaines remarquables est unanimement partagé. Au vainqueur de Verdun, au sauveur de l'armée s'ajouta, dans les années vingt, l'image du père. Pourtant rien ne pouvait laisser supposer, au moins avant 1934, une éventuelle carrière politique

---

[177] Ibid.
[178] Didier Fischer, *Le mythe Pétain*, op. cit., pp. 147-157

pour le maréchal Pétain, et à plus forte raison un recours possible au « vainqueur de Verdun » pour sauver la patrie en danger. Le culte du héros national s'écrit au passé. L'avenir a pris congé des éloges. Nous sommes plongés dans le registre de l'hommage commémoratif, ce que nous appelons aujourd'hui le « devoir de mémoire ». La presse célébrait un chef illustre aux qualités exceptionnelles dont le nom semble à jamais couché sur le registre des gloires nationales. *Le Populaire*, sous la plume de Léon Blum, n'était pas le dernier à donner dans ce registre : « Si je disais qu'entre tous les grands chefs de la guerre, il est celui dont la modestie, la gravité, le scrupule réfléchi et sensible imposent la sympathie, si je rappelais le rôle qu'il tint et que seul il pouvait tenir entre l'échec des offensives françaises d'avril 1917 et les grandes offensives allemandes du printemps 1918, je ne pourrais que le gêner par mon compliment[179] ». Il fallut la manifestation meurtrière des ligues du 6 février 1934 et la participation de Pétain au gouvernement d'union nationale de Doumergue pour qu'un tournant fût pris.

L'image du recours prenait corps. Pétain ne pouvait-il pas sauver une troisième fois la France ? La presse commençait à s'interroger. Dès novembre 1934, *Le Petit Journal* lançait un grand référendum sur le thème « un dictateur ?...Mais qui… ?[180] ». Les portraits des cinq dictateurs les plus célèbres couvraient la une : Hitler, Staline, l'amiral Horthy, Mustapha Kémal et Mussolini. Le quotidien justifiait son jeu-concours doté de cinquante mille francs de prix par la situation nationale et internationale qui ne pouvait inspirer qu'inquiétude à ses lecteurs tant les idées de dictature étaient de nouveau portées à la pointe de l'actualité politique. Trente huit noms - pris dans des milieux aussi divers que ceux de l'armée, de l'Eglise, de la haute administration, de l'industrie, de la politique, du journalisme et des organisations d'anciens combattants - étaient proposés. Chaque jour dans un long article les mérites de trois personnalités étaient passés en revue. Ainsi, le 2 décembre, vinrent les noms de Nicolle, Pétain et Pichot. Le *Petit Journal*

---

[179] Léon Blum, « La guerre à l'Académie », *Le Populaire*, 25 janvier 1931.
[180] *Le Petit Journal*, 21 novembre 1934.

offrait une série de trois arguments plaidant en faveur d'une dictature Pétain : le plus populaire de tous les chefs de guerre, un chef qui en toute circonstance reste humain, une expérience politique depuis son passage au gouvernement. Dans le même article, le quotidien, pour faire preuve d'objectivité, proposait aussi trois arguments contre une éventuelle dictature Pétain : les vertus du chef de guerre ne sont pas obligatoirement celles du chef de paix, le grand âge du maréchal, une connaissance peut-être pas suffisamment approfondie des questions politiques et sociales. En dépit de ces réserves, les lecteurs portèrent majoritairement leurs suffrages sur le maréchal Pétain (38 561 voix). Les noms de Pierre Laval (31 403 voix) et de Gaston Doumergue (23 864) suivaient. Ces trois noms rassuraient les Français alors que la situation du pays s'aggravait. Pétain était la garantie contre le sacrifice inutile. Laval passait déjà pour préférer à la guerre le dialogue et le rapprochement franco-allemand. Enfin, Gaston Doumergue avait assuré depuis les événements tragiques du 6 février une paix relative dans le pays, même s'il s'était montré dans l'incapacité de réformer l'Etat.

A partir de février 1935, dans son journal *La Victoire*, Gustave Hervé fit ouvertement campagne en faveur de l'illustre soldat. « C'est Pétain qu'il nous faut[181] » clamait-il. Il en fit même un opuscule qu'il diffusa un an plus tard pour mobiliser l'opinion autour de cette idée du recours. Il proposait de constituer un vaste front Pétain pour mettre en place cette république autoritaire seule en mesure selon lui de sortir la France de l'ornière dans laquelle elle était. André Suarès, éditorialiste au *Jour*, demandait au même moment que face aux dangers extérieurs qui menaçaient la France « le maréchal prenne enfin la parole[182] ». Ces initiatives de la presse de droite allaient trouver, en la personne de Pierre Cot, le relais d'un homme de gauche.

Dans le climat de guerre civile dénoncé par les contemporains, le premier grand magazine d'information politique, *Vu*, créé en 1928,

---

[181] Gustave Hervé, *C'est Pétain qu'il nous faut*, Paris, éditions de la Victoire, 1936.
[182] *Le Jour*, 21 février 1935.

consacrait en novembre 1935 un hors série à la situation intérieure de la France[183]. Ce numéro s'ouvrait ainsi : « Si les Français se battaient, Front national contre Front populaire, qui vaincrait ? ». Pierre Cot, dans le cadre de cette enquête, rédigea un article sur la question militaire intitulé : « Que fera l'armée ? » Marqué, comme tous les hommes de gauche, par les événements du 6 février, il envisageait un coup de force tenté par les Croix de feu. L'armée ne passant pas aux factieux, pouvait-on pour autant assurer l'ordre, se demandait-il. Dans ce cas, et seulement dans ce cas, il évoquait la possibilité de confier à un homme pris en dehors des luttes politiques le pouvoir pendant la crise. Mais le choix de cet homme était délicat. Il fallait, toujours selon Pierre Cot, « que son courage, sa probité intellectuelle, sa droiture soient indiscutable et indiscutés ». Il fallait encore « que nul ne puisse le soupçonner de vouloir faire une opération personnelle (…) qu'un des traits dominants de son caractère soit le loyalisme ». Cet homme existe, s'écriait-il alors, « c'est le maréchal Pétain ». Il poursuivait ensuite son argumentation en faveur du maréchal, le considérant comme le véritable chef moral de l'armée, lui seul pourrait la maintenir dans le devoir. Ne lui gardait-on pas encore dans les milieux des anciens combattants « une reconnaissance émue, moins peut-être parce qu'il fut le plus grand chef de la guerre, que parce qu'il fut le plus humain et le plus près de notre misère[184] ? »

La figure du sauveur emplissait désormais les colonnes de la presse. Si tous les journaux n'y succombaient pas, rares étaient ceux qui ne contribuaient pas par les hommages appuyés à faire du maréchal Pétain une personnalité de premier plan sur laquelle on pouvait compter. Les réactions de la presse lors de sa désignation comme ambassadeur en Espagne en 1939 ne font que confirmer cela. Il est clair pourtant que toute cette propagande n'aurait pas suffi à ce qu'il puisse un jour exercer le pouvoir. Il aura fallu un événement dramatique exceptionnel – la défaite de juin 1940 – pour

---

[183] *Vu*, n° hors série, 30 novembre 1935, pp. 18-19. *Vu*, magazine orienté à gauche, eut de nombreux imitateurs. Il inspira en partie *Life* aux Etats-Unis en 1930.
[184] Ibid.

que le pays se tourne vers lui. Le poids des représentations, en grande partie suscitées et entretenues par la presse, fut alors décisif. Dans ce cas précis, l'appel au sauveur s'inscrivait dans la longue durée et s'incarnait sous les traits d'un maréchal victorieux chargé d'ans et de gloire.

Les représentations de l'homme providentiel procèdent toutes de stéréotypes intégrés par les sociétés qui n'auront donc pas de mal à reconnaître celui vers qui il faut se tourner. Figures imposées, elles désignent le sauveur au plus grand nombre : celui dont l'image exceptionnelle s'accorde avec la situation qui ne l'est pas moins. Il se coule dans le moule de prestigieux modèles, se pare d'attributs distinctifs qui le placent au-dessus de la simple condition humaine, utilise une communication de crise dont l'art de la dramatisation fait ressortir ses qualités, celles précisément qui font défaut à la nation. Le désir engendre alors le recours. Ainsi, entre 1870 et 1958, l'appel au sauveur ne relève-t-il pas d'une grande originalité. Il révèle plutôt un état particulièrement déliquescent des institutions politiques et sociales. Les défaites militaires, les menaces de guerre civile, les effondrements économiques et financiers - autant de manifestations de l'impuissance républicaine – composent le terreau favorable sur lequel pousse l'appel au grand homme. Depuis l'effondrement du Second Empire, d'une manière cyclique, notre histoire a connu ces crises dont certaines ont trouvé un débouché dans l'image charismatique du sauveur. Thiers, Boulanger, Clemenceau, Doumergue, Pétain, de Gaulle ont ainsi pu jouer ce rôle. Depuis les années soixante, avec la disparition du général de Gaulle, cette figure salvatrice semble avoir déserté notre paysage politique. N'y aurait-il plus rien à sauver ? La France est-elle entrée dans l'âge de la maturité démocratique ? Ses institutions sont-elles désormais en état de faire face à toutes les crises même les plus importantes ? La Ve République a-t-elle en définitive mis un terme à cette pratique récurrente de notre histoire ? A moins que cela soit tout simplement, le triomphe de la « démocratie d'opinion » et le « star-system », qui en banalisant nos héros politiques, les condamnent à la discrétion. Si tel est le cas, la figure du sauveur n'est-elle pas en train de subir de profondes métamorphoses dont on mesure encore mal les conséquences politiques ?

Il nous faut maintenant entrer dans la postérité de l'homme providentiel pour mieux comprendre ce « que sont les grands hommes devenus », selon la belle formule de Jacques Julliard[185].

---

[185] Jacques Julliard, *Que sont les grands hommes devenus ? Essai sur la démocratie charismatique*, Paris, Editions Saint-Simon, 2004.

La postérité de l'homme providentiel

D'une légende l'autre

La désacralisation ou la statue déboulonnée
L'histoire nourrit souvent des retournements spectaculaires. Celui qui était un jour adulé des foules, porté au pinacle et dans les mains duquel un pays avait remis son destin, peut être, avec la même intensité passionnelle, rejeté le lendemain. La Providence se serait-elle trompée ? La raison aurait-elle fini par l'emporter ? La « part de l'homme » céderait-elle face à une rationalité politique retrouvée. Le vrai visage du sauveur n'aurait été qu'un masque que les événements et le ressaisissement général qui les aurait accompagnés ont fait tomber : la part du mal apparaissant alors en pleine lumière. Si l'on excepte Boulanger qui n'exerça pas le pouvoir suprême, Thiers et Pétain connurent pareille mésaventure qui aboutit à un discrédit durable.

En 1877, à la mort de Thiers, la France est persuadée qu'elle vient de perdre l'un des plus grands de ses fils. Un homme d'Etat qui a voulu empêcher la guerre de 1870, qui à l'heure de la défaite a fait don de sa personne pour trouver le meilleur règlement possible au conflit et qui, enfin, a contribué au relèvement rapide du pays. Des funérailles grandioses à défaut d'être nationales - puisque Mme Thiers refusa que l'Etat les prenne en charge pour que ne figurent pas dans le convoi Mac-Mahon et les royalistes - furent organisées. Un impressionnant cortège conduisit le grand homme jusqu'au cimetière du Père-Lachaise où les discours de Grévy, Vuitry et Simon ponctuèrent la cérémonie publique. Jules Ferry, dans une lettre à son épouse, témoigne du moment exceptionnel qu'ont pu constituer ces obsèques : « De la rue Lepeletier au Père-Lachaise, un million d'hommes, échelonnés en masses profondes sur le passage du cortège funèbre, debout, tête nue, recueillis, l'immortelle à la boutonnière, saluant le char – couvert de montagnes de fleurs apportées par la France entière – d'un seul cri roulant, grave, résolu, formidable, des deux côtés du boulevard : Vive la République ! Et dans cette foule immense, passionnée, vibrante, pas l'ombre d'un désordre, d'un incident, d'une inconvenance. La haie se faisait toute seule, non par la présence des sergents de ville disséminés le long des trottoirs, mais par la résolution de ce peuple le plus spirituel du monde, qui sent que l'histoire a les yeux fixés sur lui, et qui veut qu'aucune ombre, aucune dissonance ne vienne troubler la marche triomphale de ce mort qui dans son cercueil reste une espérance, un guide, un symbole[186] ». Cette manifestation fut assurément à la hauteur de l'émotion qui s'était emparée du pays à l'annonce de la mort brutale de Thiers. Partout en France, le recueillement est de rigueur. Des messes sont dites dans toutes les villes et les villages avant que les plaques commémoratives ne fleurissent. Deux ans plus tard, 96 communes ont déjà donné le nom de Thiers à une de leurs rues ou de leurs places. Certaines élevèrent même des statues. Nancy fut ainsi la première à le faire en 1879. Des établissements scolaires prirent dans l'enthousiasme son nom, tandis que les premiers biographes surfant sur la vague émotionnelle publiaient leur *Vie de Thiers*[187] où l'absence de toute distance critique le disputait au dithyrambe. Il fallait que le pays se souvienne des mérites du « libérateur du territoire » et prenne exemple, dans un monde où on ne voyait déjà plus guère de grands hommes, sur le parcours exceptionnel de celui-là.

Pourtant, très vite, un autre son de cloche va se mêler aux discours élogieux jusqu'à les recouvrir presque en totalité. Le journal bonapartiste *Le Pays* avait bien essayé au lendemain de l'annonce du décès de Thiers de faire entendre une voix dissonante en reprenant une plaisanterie du *Figaro* : « Cet homme n'est plus : tant mieux ! Et c'est la seule fois qu'il ait réellement, vraiment libéré le territoire ». Ce jeu de mots douteux avait bel et bien été noyé dans le flot de l'émotion et des éloges. Il n'en ait plus tout à fait de même deux ans plus tard : le reflux s'était amorcé. Emile Ollivier dans son *M. Thiers à l'Académie et dans l'histoire* se montrait d'une grande sévérité à son encontre – il est vrai que Thiers de son vivant ne l'avait pas épargné – en considérant qu'il était étranger à la grandeur : « M. Thiers avait l'esprit alerte, souple, fin, étendu, d'une vaste curiosité. [...] Mais cet esprit manquait en

---

[186] Lettre de Jules Ferry à Mme Jules Ferry, le 8 septembre 1877.
[187] Voir notamment celle de Francis Franck.

élévation ce qu'il avait en étendue ; il apercevait beaucoup à ras de terre ; à une certaine hauteur il ne voyait plus rien ». La critique d'Emile Ollivier se fait encore plus précise quand il accuse Thiers d'avoir trop vite pris son parti de la perte de l'Alsace et de la Moselle. Le procès en défaitisme n'est pas très loin. C'est une étape dans le discrédit qui ne manquera pas d'être franchi quelques années plus tard. Julien Benda, qui ne croyait pas au défaitisme de Thiers, rendant compte de l'ouvrage de Robert Dreyfus, *M. Thiers contre l'Empire, la guerre, la Commune* fait néanmoins remarquer : « le cas de M. Thiers pose la question de l'homme raisonnable et de la mesure dans laquelle les peuples ont intérêt à leur confier leur sort. Il semble bien que M. Thiers servait son pays en s'opposant à la continuation de la guerre après Sedan et Metz. On peut toutefois se demander si, avec de tels sages, la France n'eût pas signé la paix au lendemain d'Azincourt, de Quiévrain et de Charleroi[188] ». La statue vacille sur son piédestal. L'unanimité des obsèques se craquelle et le grand homme rapetisse à mesure que l'on s'éloigne de cette émouvante cérémonie. Jules Simon, impressionné par cette évolution, constate un peu amer que Thiers a de la chance de ne pouvoir s'en rendre compte : « Il n'a pas vu que, parmi les statues votées, trois ou quatre seulement ont été érigées en pompe. Les autres attendent des jours meilleurs dans un coin sombre des ateliers. On n'ose plus donner son nom à une rue ; il a fait condamner ces pauvres communards ; il leur a refusé l'amnistie. Il les avait fusillés, mitraillés dans les rues de Paris [...]. Il a assisté à la renaissance du pays plutôt qu'il n'y a coopéré. Ses histoires, qui ont fait sa réputation littéraire, sont des narrations diffuses et inexactes, dépourvues de toute philosophie ; à la tribune ce n'était qu'un bavard. Voilà le ton pour aujourd'hui[189] ». En fait, comme le souligne fort justement Pierre Guiral, passé l'émotion du décès, les bonapartistes n'ont jamais voulu admettre l'ennemi obstiné de l'Empire, les monarchistes ne lui pardonnent pas d'avoir fondé la République et les républicains avancés voient en lui le massacreur

---

[188] *La Nouvelle Revue française*, 1er avril 1929, pp. 554-555.
[189] Jules Simon, *Figures et croquis*, Paris, pp. 20-21.

de la Commune[190]. Clovis Hugues, député du quartier populaire de la Belle-de-Mai à Marseille entre 1881 et 1889, ne refuse-t-il pas que l'on puisse élever une statue de Thiers dans sa ville natale[191] ? Cette haine atteint son paroxysme en mai 1968 et dans les années qui suivent. A Marseille, le cercle occitan de l'université de Provence demande que le lycée Thiers s'appelle lycée Pythéas, d'autres s'activent pour qu'on le nomme lycée de la Commune de Marseille. A Vernon, la rue Thiers est débaptisée. A Paris, sa tombe est profanée. Il y a pire encore, dans le tome III du *Dictionnaire des littératures*, publié en 1968 sous la direction de Philippe van Tieghem, il est rappelé à l'article Thiers qu' « il noya dans le sang la Commune » en oubliant qu'il essaya d'empêcher une guerre qui fit verser plus de sang encore et qu'il libéra le pays[192]. Pour toute une partie de la gauche française, Thiers reste aujourd'hui encore ce pestiféré infréquentable.

Si le « libérateur du territoire » n'était évidemment pas à la hauteur de son image salvatrice, il n'était pas non plus ce personnage détestable auquel une légende noire veut faire croire. La postérité ne relève pas seulement de l'histoire - ce discours raisonné sur l'événement qui vise à établir la vérité des faits - la part de mémoire, qui n'a pas la même exigence, y est souvent déterminante. Le contraste est encore plus saisissant avec Philippe Pétain, autre statue déboulonnée. En quatre années d'épreuves, le sauveur de la patrie est devenu le traître à son pays. C'est du moins ce qu'un procès retentissant tenta de démontrer à la libération.

La loi des vainqueurs, après quatre années d'occupation, ne pouvait être clémente et *a fortiori* juste. L'épuration possède son lot de règlement de comptes, d'exécutions sommaires, de procès dont l'issue est écrite à l'avance. Etait-il possible qu'il en aille autrement ? Ceux qui aujourd'hui le déplorent sont aussi les premiers à constater que l'épuration n'est pas allée à son terme.

---

[190] Pierre Guiral, *Adolphe Thiers*, Paris, Fayard, 1986, pp. 7-8.
[191] Pierre Guiral, op. cit., p. 8, reprend les propos de colère du député : « Eh ! parlons-en de ce petit grand homme. Si toutes les victimes qu'il a faites en formaient le socle, sa tête irait toucher le ciel ».
[192] Signalé par P. Guiral, op. cit., p.8.

Bien des collaborateurs seraient ainsi passés entre les mailles du filet. Pour un Renault dont l'Etat nationalise l'entreprise, combien de patrons furent poursuivis pour avoir mis volontairement leur potentiel de production au service de l'Allemagne ? Peu, en réalité ! La reconstruction et les débuts de la guerre froide exigèrent la mobilisation de toutes les forces vives de la nation. Les peines infligées, à mesure que la période de la Libération s'éloignait, devenaient de moins en moins sévères. Les prisons que l'épuration avait remplies se vidèrent aussi très vite[193]. Dans un pays qui renouait avec ses institutions républicaines, le procès Pétain devait permettre de juger le chef de l'Etat français, celui qui était tenu pour responsable du sabordage de la République, le 10 juillet 1940. Sa culpabilité ne faisait aucun doute, il s'agissait seulement d'en déterminer le degré. Ce fut bien tout le problème de l'accusation qui, par tous les moyens, tenta de prouver la trahison du maréchal. Elle se heurta à une défense habile conduite par un jeune avocat, Maître Jacques Isorni, qui avait pris fait et cause pour son client. Un client, qui selon certains témoins, « en imposait encore » en dépit de son âge et de la distance qu'il prenait par moment avec les débats[194]. Il reçu le verdict de sa condamnation à mort sans manifester la moindre émotion convaincu qu'il n'appartenait pas à ce tribunal de le juger. Il avait agi selon sa conscience, seule l'histoire pourrait un jour trancher. Cette attitude ne manquait pas d'un certain panache à l'heure où se forgeait une autre légende : celle du traître à sa patrie. Celui qui avait été appelé au gouvernement par Paul Reynaud, pour que sa figure tutélaire protège le pays de la défaite, s'était servi de cette dernière pour accéder au pouvoir et installer ensuite un régime d'exception. Pourtant nul coup d'Etat n'eut lieu. Philippe Pétain est arrivé au pouvoir légalement le 16 juin 1940. De la même manière, il aurait pu en aller différemment le 10 juillet 1940, en dépit des manœuvres de Laval, si les parlementaires n'avaient pas cédé à la panique et avaient constitué une majorité pour lui refuser le vote des pleins

---

[193] Jean-Pierre Azéma, *De Munich à la Libération*, Paris, NHFC-14, Le Seuil, Paris, 1979.
[194] M. Pierre Cézard, entretien du 25 novembre 1983.

pouvoirs. Le traumatisme de la défaite, l'image charismatique du « vainqueur de Verdun », en décidèrent autrement. Que pouvait peser la lucidité de 80 députés et sénateurs ? Ni traître, ni sauveur, le maréchal attendait son heure. Il était, comme l'écrivit si bien de Gaulle : « Trop fier pour l'intrigue, trop fort pour la médiocrité, trop ambitieux pour être arriviste, il nourrissait en sa solitude une passion de dominer, longuement durcie par la conscience de sa propre valeur, les traverses rencontrées, le mépris qu'il avait des autres. La gloire militaire lui avait, jadis, prodigué ses caresses amères. Mais elle ne l'avait pas comblé, faute de l'avoir aimé seul. Et voici que, tout à coup, dans l'extrême hiver de sa vie, les événements offraient à ses dons et à son orgueil l'occasion tant attendue de s'épanouir sans limites, à une condition, toutefois, c'est qu'il acceptât le désastre pavois de son élévation et le décorât de sa gloire[195] ». Plus que la réalité du régime de Vichy que les historiens exhumèrent à la suite des travaux pionniers de Robert Paxton[196], c'est ce sentiment d'une confiance aveugle et trahie qui nourrit cette légende noire. Elle est comme le propre aveu honteux d'avoir un temps pu croire dans les vertus du sauveur. Cette crédulité, au miroir des événements de 1940 à 1944, ne fut possible qu'à cause de la dimension machiavélique du personnage. Cette thèse conduit jusqu'à une réécriture des pages glorieuses de l'icône déchue. Son action déterminante dans la défense de Verdun est remise en question. La noria de la « voie sacrée » est oubliée et Nivelle, en dépit de l'échec des grandes offensives d'avril 1917, retrouve sa place de vainqueur officiel à Verdun dans la mesure où il fut au printemps le successeur de Pétain appelé à d'autres responsabilités. Ce chef, décrit comme près de ces hommes, s'est en fait comporté comme tous les autres, en faisant exécuter nombre de ses soldats, notamment lors de la période des mutineries, sans même les déférer devant un tribunal militaire. Ainsi avait-il déjà une longue expérience de la répression quand il prend les rênes du pouvoir.

---

[195] Charles de Gaulle, *Mémoires de guerre*, T. I, *L'Appel*, Paris, Plon, 1954, pp. 60-61.
[196] Robert O. Paxton, *La France de Vichy*, Paris, Le Seuil, 1973 (pour l'édition française).

Vichy ne fut alors qu'un aboutissement. Du statut des juifs d'octobre 1940 aux grandes rafles et à la déportation, le maréchal n'avait donc pas à forcer sa nature. Si la responsabilité à un degré ou un autre du gouvernement de Vichy - et donc de son principal dirigeant - peut être aujourd'hui mis en cause, il est évident que l'homme de 1916-1918 n'est pas celui de 1940-1944. Tout récit historique qui tenterait d'expliquer le comportement du maréchal Pétain en 1940 au regard de ce qu'il était en 1916 ne serait qu'un tissu d'inepties. Pire que « l'illusion biographique » que dénonçait Pierre Bourdieu, nous entrerions dans la négation biographique. Toujours est-il qu'aujourd'hui le nom de Pétain est accolé au régime de Vichy. La concurrence des mémoires et des mythes entre la gloire et l'opprobre semble avoir tranché en faveur de cette dernière. Il serait toutefois hasardeux d'affirmer que le choix mémoriel est définitif car, par définition, la mémoire est une perpétuelle construction où la démarche historique n'a pas sa place.

Thiers et Pétain ont ainsi vu leur statue déboulonnée. Le premier après sa mort, le seconde de son vivant. L'homme providentiel connaîtrait-il - tour à tour et au gré du conflit des mémoires - deux expositions : celle de la lumière et celle de l'ombre ?

Le conflit des mémoires ou les fonctions de la légende noire

A ce stade de notre réflexion, il serait difficile d'affirmer que légende rose et légende noire ne procèdent pas du même fonctionnement mythologique. L'une et l'autre s'écrivent dans l'emphase, suscitent une forte adhésion alors que leur contenu est manifestement fictif, possèdent leur propre autonomie. Ils sont bien cette « parole choisie par l'histoire » dans laquelle une société se reconnaît. Si les images véhiculées peuvent être simplistes, la construction mythologique n'en demeure pas moins complexe. Elle peut ainsi apparaître éloignée de tout manichéisme puisque la lumière et l'ombre procèdent de la même origine. C'est l'enchaînement des événements, dans des situations bien particulières, qui va les faire se succéder et inévitablement s'affronter.

Les choix politiques du « sauveur » une fois au pouvoir sont alors déterminants puisqu'ils peuvent, s'ils conduisent à l'échec, décider à terme du désamour. La poignée de main de Montoire et l'entrée dans la collaboration, l'exclusion des juifs, la condamnation du Front populaire, les premières rafles, troublent l'opinion publique et détournent cette dernière progressivement du régime de Vichy comme le constatent, dès 1941, les préfets dans leurs rapports. Si l'image du maréchal n'est pas encore vraiment atteinte, elle apparaît dès lors en sursis comme pouvait l'être celle du roi avant sa fuite à Varennes en 1791. Joseph Barthélemy (ministre de la Justice entre 1941 et 1943), assis dans la voiture du maréchal Pétain, lors de sa visite à Grenoble, se souvient de la ferveur des foules tout au long du parcours emprunté par le cortège officiel : « Nul ne peut imaginer l'orage de bravos, l'ouragan d'acclamations, la tempête d'enthousiasme, les bouches tordues par l'émotion, les yeux remplis de larmes, qui déferlaient au début du cortège, à la seule apparition du chef. Et cela pendant des kilomètres de rues et d'avenues[197]... » Jusqu'à la libération du territoire, les Français se presseront sur le passage du maréchal Pétain. En 1944, lors de son dernier voyage à Paris, plusieurs centaines de milliers de personnes viennent encore l'écouter prononcer quelques mots au balcon de l'Hôtel de Ville. Les mauvaises langues prétendirent que se furent les mêmes qui, quelques semaines plus tard, y acclamèrent le général de Gaulle. Il est probable qu'un certain nombre de parisiens participèrent aux deux manifestations. Pour autant, la chute du chef de l'Etat français et la construction d'une légende noire s'inscrivent dans une certaine logique de l'histoire : la renaissance républicaine liée à la victoire de la Résistance et des Alliés. En considérant que la défaite de la France était un fait acquis et en refusant de changer de position quand il eut été encore temps, Philippe Pétain servait, à ceux qu'il considérait comme les adversaires de la France, l'argumentaire de la face sombre du mythe. Il mit néanmoins un

---

[197] Joseph Barthélemy, *Ministre de la Justice. Vichy 1941-1943. Mémoires*, Paris, Pygmalion, 1989, p. 61.

certain temps à s'imposer tant le prestige passé de l'homme demeurait vif dans une société qui un temps voulu croire possible cette théorie du glaive et du bouclier - c'est-à-dire un prétendu accord entre de Gaulle et Pétain – avant que l'histoire ne l'emporte sur les mémoires et la fasse voler en éclats.

En définitive, cela ne fait que souligner la difficulté qu'il y a à se détacher d'une foi dans laquelle on a longtemps cru. Pour beaucoup de Français, le maréchalisme[198] survivra au pétainisme. La nécessité même pour la recherche historique d'une telle dissociation conceptuelle montre bien la complexité du mythe Pétain. La personnalisation du pouvoir, qui n'est pas réellement remise en cause, peut aussi se lire dans le rejet que subit l'homme providentiel qui a échoué. La légende noire se construit sur plusieurs générations, tandis que « le syndrome de Vichy » n'a pas contribué, dans ce cas particulier, à l'apaisement. Le conflit des mémoires relance périodiquement le débat sur la nature du rôle tenu par le maréchal Pétain dans la période 1940-1944, alors même que l'historiographie abondante et de qualité a depuis longtemps tranché.

Ce qui est vrai pour Pétain l'est aussi pour Thiers, dont l'image auprès des Français n'est pas moins complexe. L'éloignement dans le temps n'y change rien. Le rejet reste fort. Alors que l'anti-bonapartisme s'est effacé de la légende noire, toute une tradition située à gauche continue de retenir de l'action de Thiers que la répression de la Commune. Il est vrai que cette dernière s'apparenta à un massacre. Lors de la Semaine sanglante, Paris aurait perdu plus de cent mille habitants, soit approximativement le quart de sa population ouvrière masculine. Si la Commune fut à son origine une réaction patriotique, la forte implication des ouvriers salariés des petites entreprises parisiennes dans l'insurrection en fit une guerre des classes, et donc le symbole d'une révolution qui, certes, n'était pas prolétarienne, mais républicaine et progressiste. Elle resta d'ailleurs longtemps pour les républicains progressistes une référence indépassable. Dans son *Histoire socialiste*, Jaurès ne s'y

---

[198] Jean-Pierre Azéma, un des meilleurs spécialistes français de cette période, imposa ce concept.

trompe pas : [...] Elle fut dans son fond la première grande bataille rangée du Travail contre le Capital. Et c'est même parce qu'elle fut cela avant tout, d'un républicanisme qui n'était qu'un socialisme s'ignorant et qui allait jusqu'à menacer les bases mêmes du vieil ordre social et à évoquer un ordre nouveau, qu'elle fut vaincue et que vaincue, elle fut égorgée[199] ». Dans la mesure où l'épisode de la Commune incarne aussi fortement tout un pan du socialisme français, comment s'étonner que plus de cent trente ans après celui qui a organisé sa répression soit encore pour toute une partie de la gauche française *personae non grata*[200]. Il est clair que la légende noire de Thiers contribue à fonder le socialisme en France. Elle participe donc de la geste d'un courant politique de premier plan.

Tout comme l'appel à l'homme providentiel nourrit un projet politique, sa postérité malheureuse en accompagne un autre. Les images sombres de Thiers et de Pétain font mieux ressortir, pour la première, le bien-fondé d'une société socialiste, pour la seconde, le nouveau visage républicain de la France à la Libération. Du bon usage de la légende noire peut dépendre aussi l'avenir. Pourtant le conflit des mémoires est loin de servir l'histoire.

Le retour à l'histoire ?

Mémoire et histoire n'ont jamais fait bon ménage. Il ne suffit pas d'additionner les mémoires pour écrire l'histoire. Il faut les interroger et les remettre en perspective. Cela oblige l'historien à ne jamais prendre pour argent comptant un témoignage oral ou une source écrite. L'histoire est la construction d'un récit raisonné à partir de documents multiples. Elle ne peut se mettre au service

---

[199] Cité par M. Winock, *La fièvre hexagonale. Les grandes crises politiques (1871-1968)*, op. cit., 50.

[200] François Hollande, Premier secrétaire du Parti socialiste, discours de Villepinte, 11 février 2007 : (...) vous seriez de droite, mais qui chercheriez-vous comme référence ? De Gaulle, sûrement. Mais avant de Gaulle, après de Gaulle, qui ? (...) Thiers, le massacreur de la Commune ? Mac Mahon, « se soumettre ou se démettre » ? Poincaré ? Dois-je continuer ? »

d'aucune cause, sinon celle de la vérité fondée sur l'honnêteté intellectuelle. A l'heure où l'on convoque les historiens dans les prétoires comme témoins, que le Parlement se croît légitime à écrire l'histoire et que le « devoir de mémoire » devient la dernière obsession à la mode[201], il nous semble important de nous interroger sur la part d'histoire contenue dans le processus qui conduit de la foi dans le sauveur à la condamnation de ce dernier.

Force est de constater d'emblée que cette transition est loin d'être systématique. Parmi notre panel de « sauveurs », seuls trois d'entre eux ont connu cette mésaventure, dont seulement deux qui ont exercé le pouvoir. Les autres ont vu sur l'échelle de la notoriété leur image, soit prendre progressivement congé de notre histoire (Doumergue), soit au contraire s'y épanouir au point qu'elle en devienne en toute circonstance une référence indépassable (De Gaulle). Qui aujourd'hui parmi les jeunes générations, à l'évocation des grands événements de la vie politique sous la IIIe République, est en mesure de simplement citer le nom de Gaston Doumergue ? Il est vrai que cette jeunesse ne peut être tenue pour responsable lorsque les manuels d'histoire en lycée et les professeurs dans leurs cours n'y font pratiquement plus allusion. De la même façon, aucune biographie récente ne vient éclairer le parcours de celui qui fut pourtant ministre, président du Conseil et président de la République. Une forme de décantation historique est à l'œuvre dont Gaston Doumergue n'est évidemment pas la seule victime. En revanche, pour de Gaulle, il en va tout autrement. Le personnage, près de 40 ans après sa mort, continue d'occuper une place centrale dans notre vie politique. Ses mérites sont aujourd'hui loués de la droite à la gauche. Les éloges s'accompagnent souvent du regret qu'aucun homme politique contemporain ne puisse en cette aube du XXIe siècle rivaliser avec lui. Il est dans tous les sondages, loin devant Napoléon Ier, Louis XIV, Vercingétorix ou Jeanne d'Arc, le personnage historique préféré des Français[202]. L'homme du 18 juin,

---

[201] Jean-Pierre Rioux, *La France perd la mémoire. Comment un pays démissionne de son histoire*, Paris, Perrin, 2006.

[202] Jean-Noël Jeanneney et Philippe Joutard, *Du bon usage des Grands Hommes en Europe*, Paris, Perrin, 2003, pp. 65-66.

le fondateur de la Ve République est ainsi solidement installé au sommet du Panthéon français et l'on ne voit pas ce qui pourrait l'en faire tomber. Une telle popularité posthume ne manque pas d'interroger sur l'état de notre société et de notre système politique. De l'oubli à l'omniprésence mémorielle, la postérité de l'homme providentiel qui n'a pas rencontré le discrédit est bien différente. Pour autant l'histoire, tout comme pour ceux qui subissent le désamour, semble avoir déserté la partie.

En effet, la légende noire ne peut être considérée comme un retour de lucidité, mais bien comme la mutation d'un extrême à l'autre. Les mêmes processus qui étaient à l'œuvre au moment de l'érection de la statue jouent, mais cette fois pour l'abattre. Le bien absolu cède alors la place au mal absolu. Une passion succède à l'autre. Celui qui devait sauver le pays devient celui qui a causé sa perte. Nous sommes loin de l'analyse critique. Et quand l'historien veut remettre un peu de raison dans le débat, son discours ne peut être compris. Le temps de l'histoire n'est pas celui des passions. Plus grave encore, depuis quelques années des lois peuvent empêcher l'historien de faire son métier en le menaçant de poursuites devant les tribunaux[203]. Jusque-là mythe et histoire menaient des existences parallèles. Les progrès de la connaissance historique n'ont jamais empêché les Français de croire successivement, et avec la même force, dans les légendes rose et noire du « sauveur ». Si la mémoire dominante d'un groupe ou d'une époque prenait appui sur l'histoire, elle n'en demeurait pas moins bien éloignée dans sa construction et ses conclusions. Le risque aujourd'hui, « à l'heure du n'importe quoi mémoriel », selon l'expression polémique de Jean-Pierre Rioux[204], c'est qu'une mémoire particulière puisse se substituer à l'histoire. Nous n'en sommes pas encore là, mais que serait l'appel ou la chute du sauveur vues dans leurs composantes comme autant de vérités historiques ? Probablement une forme de négationnisme qui ne dirait pas son nom. Au contraire, l'histoire des représentations nous apprend à faire la part du mythe et de la réalité.

---

[203] Voir le débat récent sur les lois mémorielles : loi Gayssot, Taubira…etc…
[204] J.P. Rioux, op. cit..

La postérité de l'homme providentiel peut donc prendre l'aspect d'un profond discrédit qui succède à l'exercice du pouvoir. Un discrédit où la raison n'a guère de place tant la passion l'emporte. Une légende dès lors succède à une autre et l'histoire est maintenue en lisière de cette nouvelle construction. A l'image du sauveur peut ainsi succéder celles du traître ou du bourreau. Le statut d'homme providentiel est fragile dans nos sociétés contemporaines. Il peut même disparaître de notre paysage politique, comme c'est le cas depuis la mort du général de Gaulle. Cette disparition est-elle pour autant définitive ? Les Français ont-ils cessé de croire dans la personnalisation du pouvoir ?

Une si longue absence

L'éclipse du sauveur

Depuis bientôt quarante ans, l'image du sauveur n'est plus venue perturber notre paysage politique. Les « grands hommes » semblent avoir désertés la scène française. Envolés les Thiers, Boulanger, Clemenceau, Poincaré, Pétain ou de Gaulle, place aux Mitterrand, Giscard, Chirac, Sarkozy et peut-être bientôt aux Bayrou, Strauss-Kahn, Hollande, Delanoë et Royal. Les sauveurs aux petits pieds sont légion. Est-ce le trop plein qu'évoquait de Gaulle au sujet de sa succession ? En tous les cas, le sauveur tel Achille s'est retiré sous sa tente comme si notre époque ne le méritait plus. Le temps des gestionnaires aurait succédé à celui des héros. L'image de la compétence politique s'incarnerait désormais dans celle de l'énarque. Nous serions en passe de réaliser le rêve dominant d'une gestion scientifique de la chose publique. Il est néanmoins difficile d'imaginer une telle mutation de notre vie politique qui verrait les Français cesser de croire dans la personnalisation du pouvoir alors que chaque jour les faits le démentent.

La constitution de la Ve République, en renforçant le pouvoir exécutif au détriment du pouvoir législatif, a fait du Président de la République la clef de voûte de nos institutions. Son élection au suffrage universel, depuis la révision constitutionnelle de 1962, n'est plus aujourd'hui sérieusement remise en question. La gauche qui s'était opposée à cette évolution a fini par l'accepter et les partis qui la composent présentent à chaque élection des candidats. Le projet des socialistes dans la perspective des échéances électorales de 2007 et 2008 renonça à proposer la suppression de l'élection au suffrage universel du Président de la République. La commission Balladur qui avait en charge la préparation de la réforme constitutionnelle de 2008, et où siégeaient des personnalités de gauche, n'a pas retenu dans son rapport final une telle proposition. Il est clair que cette mesure n'aurait pas été très populaire en dépit d'un diagnostic politique qui fait retomber une partie des maux dont souffre notre société sur des institutions laissant trop peu de place au rôle du Parlement.

L'éclipse est donc bien réelle. Elle n'en est pas pour autant définitive dans la mesure où l'appel à l'homme providentiel naît de la rencontre d'un caractère et de circonstances exceptionnelles. Les difficultés économiques et sociales que nous traversons depuis une trentaine d'années s'apparentent plus à des mutations structurelles lentes et puissantes de notre économie qu'à une crise. Elles ne sont donc pas propices, malgré un développement important de la précarité dans nos sociétés, à l'émergence d'une figure charismatique. En fait, l'éclipse du sauveur pose plus de questions qu'elle n'en résout. Les institutions de la Ve République, en mettant fin aux crises ministérielles à répétition n'auraient-elles pas contribué à éloigner le sauveur de notre univers politique ? L'explication par les institutions n'est probablement pas la seule à invoquer. Ne faut-il pas voir là aussi l'accomplissement d'un phénomène politique structurel : l'entrée dans cette « république du centre » que décrivaient, il y a près d'une vingtaine d'années, trois historiens et observateurs talentueux de la vie politique française : François Furet, Jacques Julliard et Pierre Rosanvallon ? Enfin, l'avènement de la démocratie d'opinion et du star-system n'a-t-il pas tout simplement rendu caduc tout appel au sauveur puisque le souci de l'homme politique aujourd'hui n'est plus d'anticiper les évolutions de l'opinion publique, mais bien d'y coller au plus près ? L'homme d'Etat n'aurait plus sa place quand la République s'affadit.

Il ne faut tout de même pas confondre le « grand homme » et l'homme providentiel. Ce dernier appartient surtout à la catégorie des héros. Le héros tient de l'extraordinaire, du miraculeux, c'est le personnage de l'instant salvateur. N'avons-nous pas à plusieurs reprises insisté sur le caractère transitoire que revêt l'intervention de l'homme providentiel[205] ? Au contraire, le « grand homme », comme le définit Jean-Noël Jeanneney, « ne doit rien au surnaturel ; c'est l'homme du temps cumulatif, de la patience, de l'énergie qui

---

[205] Voir notre première partie.

se renforce en elle-même au quotidien[206] ». Il est de tous les métiers, comme le faisait remarquer La Bruyère dans ses *Caractères*. Cela n'est d'ailleurs pas démenti par Voltaire qui écrivait dans une lettre du 15 juillet 1735 à un de ses amis : « Une écluse du canal qui joint les deux mers, un tableau de Poussin, une belle tragédie, une vérité découverte, sont des choses mille fois plus précieuses que toutes les annales de Cour, que toutes les relations de campagne. Vous savez que chez moi, les Grands Hommes sont les premiers, et les héros les derniers. J'appelle Grands Hommes tous ceux qui ont excellé dans l'utile ou dans l'agréable. Les saccageurs de province ne sont que des héros[207] ». Si l'homme d'Etat entre dans la catégorie des « grands hommes », il n'y est pas réductible. Le grand homme, c'est celui qui aura été particulièrement utile à ses concitoyens, voire à l'humanité. Le savant, l'artiste, le philosophe, l'écrivain, l'ingénieur, le médecin peuvent un jour, en fonction de leurs mérites, voir accoler à leur nom cette épithète prestigieuse et reposer au Panthéon de la nation reconnaissante.

Nombre de « grands hommes » politiques à l'instar des Gambetta, Ferry, Jaurès ou Briand sous la IIIᵉ République n'ont pas été des hommes providentiels. En revanche, tous ceux qui le furent avaient excellé dans leur domaine qu'il soit militaire ou politique. L'homme providentiel ne naît pas de rien, comme nous l'avons déjà souligné. Il a une histoire, et ne peut être seulement le fruit du temps présent. L'opposition héros/grand homme est-elle aussi pertinente que cela pour le sujet qui nous préoccupe ? Le sauveur n'est-il pas en définitive un « grand homme » héroïsé ? Quoi qu'il en soit notre époque semble incapable désormais de fabriquer des « grands hommes », donc à plus forte raison des héros. En dépit de la multiplication des panthéonisations depuis la célébration du bicentenaire de la Révolution française, leur culte - participant d'une certaine pédagogie républicaine - loin de connaître « une

---

[206] Jean-Noël Jeanneney et Philippe Joutard, *Du bon usage des grands hommes en Europe*, Paris, Perrin, 2003, p. 16.
[207] Cité par Jean-Noël Jeanneney…, ibid.

surprenante vitalité », comme l'affirme Jean-Claude Bonnet[208], tend plutôt à s'éteindre. Nous sommes entrés dans l'ère des célébrités éphémères consacrées par les média. Grands hommes et sauveurs sont passés à la trappe, remplacés par ces générations spontanées que sont les stars. Cette évolution, qu'il nous faut comprendre, en dit long sur l'état de notre société, son rapport à l'histoire et à la politique.

Les raisons d'une éclipse

La disparition du sauveur est un phénomène complexe qui renvoie à l'évolution institutionnelle, sociale et politique de notre pays.

La France a vécu entre 1875 et 1958 sous le signe des crises ministérielles à répétition. La durée des gouvernements n'excédait pas parfois quelques jours tant les majorités étaient fragiles. Si toutes ces crises politiques n'ont pas accouché d'un appel au sauveur, elles en préparèrent souvent le terreau en montrant du régime l'image peu reluisante de l'instabilité et de l'impuissance. L'antiparlementarisme y puise une partie non négligeable de son argumentaire au moins depuis la fin des années 1880. Le discrédit qui pèse sur le personnel politique n'est pas un phénomène récent. Il remonte à l'origine même du régime démocratique. Il suffit de lire les critiques virulentes que nombre d'orateurs grecs formulent dès le Ve siècle avant Jésus-Christ à propos du fonctionnement des institutions de la cité d'Athènes pour s'en convaincre. Le Pseudo-Xénophon, par exemple, n'y voit qu'instabilité, incompétence, démagogie et tyrannie de la parole, tout le contraire pour lui du bon gouvernement[209]. Que dire aussi du théâtre d'Aristophane où les institutions démocratiques sont souvent considérées comme à l'origine des maux dont souffre la société ? La démocratie directe, que certains louent aujourd'hui, n'est guère plus efficace que la démocratie représentative. Il est évident que chaque époque à ses

---

[208] Jean-Claude Bonnet, *Naissance du Panthéon. Essai sur le culte des grands hommes*, Paris, Fayard, 1998, p. 343.

[209] Pseudo-Xénophon, *République des Athéniens*, 1-4, vers 420 av. J.C.

particularités qu'il serait dangereux de gommer au nom de la longue durée. Force est aussi de constater qu'il existe des phases historiques dans la période étudiée où nos institutions démocratiques fonctionnèrent plutôt bien. La République parlementaire, sur le modèle de la IIIe ou de la IVe, semble particulièrement bien indiquée pour les périodes de petit temps. Des exceptions existent néanmoins comme ce fut le cas notamment pendant la Première Guerre mondiale où la République sut s'adapter au conflit. La Seconde Guerre mondiale et surtout la défaite de juin 1940 lui furent ensuite fatales. De la même manière, la IVe République entreprit la reconstruction du pays, mais buta sur la décolonisation et fut rongée par le « cancer algérien ». Le prestige et l'autorité de ces gouvernements qui se succédaient en moyenne tous les six mois étaient considérablement entamés. Aujourd'hui encore, malgré le temps qui passe et sa réhabilitation partielle par les historiens, la IVe République reste dans l'opinion publique la mal aimée : le concentré, en définitive, de tout ce que les Français ne veulent pas revivre. Et cela, d'autant plus, qu'à tort ou à raison, la Ve République protège le pays des crises ministérielles à répétition.

La stabilité politique est un des mérites quasi unanimement reconnus aux institutions qui nous régissent aujourd'hui. Avec la constitution de 1958, le spectre de l'instabilité gouvernementale s'est éloigné. Le régime parlementaire a subi une sévère correction, à tel point que les spécialistes de droit constitutionnel s'interrogeaient en 1958 sur sa nature réelle[210]. Si le gouvernement reste responsable devant le Parlement, ce dernier n'en a pas moins perdu une grande partie de ses pouvoirs au profit de l'exécutif. De plus, l'évolution institutionnelle qui a suivi a plutôt renforcé cette tendance. L'élection du Président de la République au suffrage universel est devenue la mère de toutes les batailles politiques. Cette prééminence de l'exécutif sur le législatif n'en a pas moins

---

[210] François Goguel voyait dans cette nouvelle république un « régime parlementaire sans souveraineté du Parlement ». D'autres, à l'instar de Maurice Duverger, considéraient qu'il s'agissait plutôt d'un « régime semi-présidentiel ».

permis, à partir des années quatre-vingt, alternances et cohabitations politiques. Ces institutions - que l'on disait taillées pour le général de Gaulle et qui probablement ne lui survivraient pas – ont fait la preuve de leur étonnante souplesse et sont en passe de battre des records de longévité. Si l'on s'interroge aujourd'hui sur la nécessité de redonner une place plus importante au Parlement, les propositions faites à gauche ou à droite n'en demeurent pas moins prudentes ? Chacune de ces familles politiques mesurant l'intérêt à disposer de temps, gage de plus d'efficacité pour mener à bien leur projet, quand elle exerce le pouvoir. La réforme constitutionnelle, adoptée en juillet 2008 par le Congrès, ne dément pas cette impression. Les pouvoirs du Parlement ont certes été renforcés notamment grâce au partage de l'ordre du jour de l'Assemblée, à l'encadrement de l'article 49.3, à la consolidation des fonctions de contrôle et d'évaluation du gouvernement par le Parlement, mais la prééminence de l'exécutif sur le législatif demeure, tandis que le poids du Président de la République n'est pas remis en question. Ainsi cette république inachevée trouverait-elle dans la constitution de 1958 une forme de maturité démocratique rendant inutile le recours au « surnaturel ».

Aussi, le paradoxe n'est-il pas des moindres : Le général de Gaulle, revenu au pouvoir avec les habits du sauveur, aurait contribué à édifier des institutions qui freineraient ce mécanisme. L'appel à l'homme providentiel serait privé de son terreau naturel, la crise institutionnelle. Si l'explication par l'évolution de la nature même de nos institutions apporte un éclairage intéressant, elle ne peut en aucune façon rendre compte à elle seule de la complexité du phénomène constaté. En effet, des évolutions sociales et politiques plus profondes doivent être aussi prises en compte. La France aurait rejoint depuis près de vingt ans le lot commun des démocraties.

Dans un essai qui n'a rien perdu de sa pertinence, François Furet, Jacques Julliard et Pierre Rosanvallon, chacun à leur manière, exploraient en 1988 la fin de cette exception française[211]. François

---

[211] François Furet, Jacques Julliard, Pierre Rosanvallon, *La République du Centre. La fin de l'exception française*, Paris, Calmann-Lévy, 1988.

Mitterrand, après une non campagne remarquable et sans projet politique particulier sinon celui de l'ouverture au centre, venait d'être réélu Président de la République. Nos trois auteurs s'accordaient pour voir dans cet épisode électoral un tournant dans la vie politique française. Au moment où le consensus sur les institutions n'avait jamais été aussi fort, la France n'avait plus de parti communiste puissant, ni de droite majoritaire. Elle était désormais gouvernée au centre par un parti socialiste dominant et s'accommodait d'une extrême droite qui confirmait, élection après élection, sa percée dans le paysage politique. L'équilibre des forces de la Ve République en était bouleversé. Au-delà de ce simple constat, le grand mérite de cet essai était de démontrer qu'il s'agissait là d'une profonde remise en cause de notre culture politique héritée de la Révolution française. La démocratie française n'était plus ce champ clos où s'affrontaient deux civilisations morales radicalement différentes. En une vingtaine d'année avait disparu à la fois « la conception jacobine de l'Etat qui sous-tendait celle de la Révolution, et le conflit entre catholiques et laïques dont l'école constituait le centre[212] ». François Mitterrand, en ne remettant pas en cause des institutions qu'il avait condamnées, réconciliait en quelque sorte l'Ancien Régime et la Révolution. Une forme de vision « tocquevillienne » de la vie politique l'emportait réduisant à l'inutilité politique le Parti communiste. Il ne trouvait même plus dans sa fonction tribunitienne une raison d'exister. L'hégémonie du Parti socialiste sur la gauche était bien devenue une réalité. Cette évolution devait beaucoup au discrédit de plus en plus fort qui pesait sur les régimes communistes. La publication en France, au milieu des années soixante dix, de *L'Archipel du Goulag* de Soljenitsyne, la création en Pologne au début des années quatre-vingt du syndicat *Solidarnosc*, avaient ébranlé les dernières certitudes. Mais la droite française divisée par ses querelles intestines et ses différentes options idéologiques ne profita pas de l'effondrement du communisme dans le monde. C'est paradoxalement, le Parti socialiste - qui prônait l'alliance avec les communistes et qui n'avait pas renoncé officiellement à ses visées

---

[212] Ibid., p. 53.

révolutionnaires - qui fut le grand bénéficiaire du recul de la révolution. La force de François Mitterrand n'est pas d'avoir provoqué ce phénomène, mais de l'avoir compris suffisamment tôt pour s'y adapter et accompagner l'entrée de la France dans le droit commun des démocraties. Ainsi, comme le soulignait François Furet : « Elle (la France) présente le même spectacle que les autres pays d'Europe, et elle a les mêmes problèmes à résoudre : le système éducatif, la réforme fiscale, la sécurité des individus, les prix agricoles, les dépenses sociales. Ses citoyens se disputent sur la distribution de la richesse nationale et non plus sur le legs de l'histoire nationale[213] ». Dans ces conditions, qui voient le triomphe de la normalité démocratique, l'homme providentiel n'aurait donc plus réellement de raison d'exister. L'histoire héroïque a déserté les coursives de la vie politique. Certains nostalgiques de la IIIe République tentent bien aujourd'hui de trouver un ancrage dans la citoyenneté républicaine des années 1880, mais il est clair que la France de ce début du XXIe siècle n'a plus grand-chose à voir avec cette République des premiers temps marquée par « cette démocratie active de petits notables ruraux ». Le consensus républicain constitue un accord *a minima*. Il est là pour meubler le vide laissé par la disparition de l'idéal révolutionnaire. De la même manière, l'irruption dans les années quatre-vingt de la problématique des droits de l'homme joue aussi ce rôle. Il n'est évidemment pas question de déplorer que l'on défende partout les droits des individus, qu'au nom de la liberté et de l'égalité de nombreuses dictatures de part le monde aient pu perdre de leur superbe. En revanche, comme le démontrait Marcel Gauchet dès 1980, les droits de l'homme ne peuvent se substituer à l'action politique[214]. Et cela d'autant plus, que le message véhiculé n'a jamais été aussi ambigu et contradictoire. Comment concilier le droit à l'égalité et celui à la différence ? Au nom des droits de l'homme, le communautarisme peut très bien trouver sa place et contribuer à la négation des droits élémentaires des individus. Si les

---

[213] Ibid., p.55.
[214] Marcel Gauchet, « Les droits de l'homme ne sont pas une politique », in *Le Débat*, n° 3, juillet-août 1980.

principes ne donnent pas par définition de limites, c'est bien au débat politique de les fixer. Peut-il encore jouer ce rôle ?

L'entrée dans la normalité démocratique s'est aussi accompagnée d'une mutation politique sans précédent. D'une démocratie représentative, nous sommes passés, à ce que Jacques Julliard appelle, un régime d'opinion[215]. Si le terme peut avoir une consonance polémique, il n'en traduit pas moins une évolution réelle. La démocratie représentative dans son acception classique est aujourd'hui remise en cause au profit d'une forme de démocratie semi-directe où les représentants sont placés sous le contrôle permanent de l'opinion publique. S'ils conservent encore un mandat pour une durée déterminée, ils doivent néanmoins à tout moment traduire les inflexions de l'opinion, voire de groupes de pression particuliers. L'ère du court terme domine toute l'action politique. Le pilotage à vue devient la règle. Jacques Julliard y voit le déclin des trois grandes composantes de la démocratie classique : la représentation, le suffrage universel et le parti politique. Il est indéniable que dans ces conditions l'élu représente de moins en moins l'intérêt général. Le suffrage universel est régulièrement battu en brèche par les sondages et le parti politique ne peut plus jouer son rôle de formation des individus et d'animation du débat publique. Il n'est plus dès lors, à intervalle régulier, qu'une machine électorale. On peut penser que dans un tel système les citoyens se sont rapprochés du pouvoir et que le mouvement associatif joue un rôle plus important. En fait, il n'en est rien. Le règne de l'opinion demeure celui de quelques uns : grands patrons des média ou d'instituts de sondage. De la même manière, les associations ont de plus en plus de mal à vivre face au refus d'un engagement de leurs membres dans la durée. La plupart de celles qui se créent sont éphémères et concernent souvent des mouvements de défense ponctuels : contre la construction d'une autoroute, le passage d'une ligne TGV, l'installation d'une usine... L'intérêt général, la solidarité cèdent le pas aux intérêts particuliers. La vie politique épouse de plus en plus les règles du star-system. La démocratie

---

[215] Jacques Julliard, *Que sont les grands hommes devenus ?*, Paris, Editions Saint-Simon, 2004.

d'opinion s'appuie sur les média, plus particulièrement, sur la télévision qui fabrique les célébrités. Un homme ou une femme politique qui entrevoit une carrière nationale se voit obligé de fréquenter les plateaux des émissions de variétés, de surprendre ses concitoyens en y présentant des facettes ignorées de sa personnalité, d'y répondre souvent à des questions très éloignées de son activité de prédilection. Il se doit aussi d'appartenir à ses réseaux d'influence où se retrouvent les dirigeants de sociétés multinationales, les champions sportifs, les chanteurs et chanteuses à la mode, les présidents de grandes organisations caritatives, les présentateurs et présentatrices des journaux télévisés… On se rend l'été dans des lieux de vacances « branchés » pour partager de bons moments entre « amis ». On s'y amuse, on s'y ennuie souvent. On y développe quelques aventures sentimentales qui seront ensuite reprises dans la presse people. Il faut bien sacrifier à la célébrité. Le bruit médiatique est devenu une preuve d'existence et s'accompagne de la connivence indispensable qui fait les carrières. La « pipolisation » de la vie politique entérine la banalisation du fait politique. Il faut surtout que l'homme politique ne se distingue pas de ses concitoyens. Tombé de son piédestal, il n'est plus qu'un parmi les autres. Il doit être dans sa vie, dans ses goûts et ses humeurs un semblable. La comédie médiatique fait désormais partie de sa formation. Qu'un ancien premier ministre déclare son amour pour Johnny Halliday, qu'un candidat à la Présidence de la République mette en scène sa famille, qu'une candidate pas encore déclarée affirme que son programme c'est celui de ses électeurs n'étonne guère aujourd'hui. Pourtant, en dépit de ses efforts, l'homme politique ne parvient plus à convaincre. Cette évolution traduit bien un profond malaise qui semble aujourd'hui atteindre un point de non retour. Depuis plus de vingt ans, les preuves d'une maladie chronique de notre représentation s'accumulent.

La crise de la représentation

Dès 1988, Pierre Rosanvallon faisait une analyse précise de cette crise de la représentation[216]. Il y voyait à l'origine un mouvement s'appuyant sur une sorte de dynamique d'évacuation du concret et de la consécration de l'impuissance. Pour tout dire, une forme de renoncement du politique qui se contente de gérer au plus juste des situations sur lesquelles il a perdu depuis longtemps la main. La politique ne semble plus en mesure d'apporter des explications et des solutions à la dégradation de la qualité de vie de certaines catégories de population. Le sentiment de décalage entre le vécu et ce qu'exprime le système politique ne fait dans ces conditions que s'accroître.

La crise ne touche pas seulement la représentation politique. C'est en fait une crise générale de la représentation sociale. La diminution du nombre des conflits sociaux et l'apaisement des grands affrontements idéologiques ont été dans un premier temps appréciés comme un progrès de notre démocratie. On se félicita de voir ainsi triompher la raison et la maturité, alors qu'il s'agissait plutôt « d'un processus de décomposition sociale ». Les années quatre-vingt furent marquées par une forte désyndicalisation et la montée d'un rapport utilitariste aux grandes organisations syndicales. On adhère à un syndicat au moment d'un licenciement ou lors de difficultés professionnelles importantes. De la même manière, les années quatre-vingt dix ont vu l'atomisation du paysage syndical avec l'éclatement de la FEN et la création de SUD sur l'aile gauche de la CFDT. Si la représentation syndicale en France a toujours été d'une grande faiblesse – exception faite dans quelques bastions comme la métallurgie, les chemins de fer et dans la fonction publique, l'Education nationale en particulier – des records sont aujourd'hui atteints avec un taux global de syndicalisation inférieur à 8% des salariés. Il est clair que la tendance des années quatre-vingt s'est confirmée. Le syndicat garde néanmoins une pertinence institutionnelle dans le cadre des procédures de régulation sociale, mais ne produit plus d'identité

---

[216] Ibid.

collective automatique. Pierre Rosanvallon considère que cette évolution est exemplaire d'une mutation sociologique beaucoup plus large : « elle correspond à un effritement général des formes d'appartenance. Toute les grandes institutions sociologiquement marquées, qu'il s'agisse des syndicats, du parti communiste ou de l'Eglise catholique en ont souffert[217] ». Leur recul contribue à la disparition d'un monde fondé sur des forces sociales, politiques et religieuses clairement identifiées et productrices de sens.

Le système politique a été touché de plein fouet par ce mouvement. La fin des idéologies s'est accompagnée d'une perte d'identité collective. L'appartenance tranchée à un camp politique est beaucoup moins forte qu'auparavant. S'il continue d'exister des cultures politiques de droite ou de gauche, ces dernières déterminent de moins en moins l'adhésion partisane. Les partis politiques ne sont plus en mesure de capter durablement une clientèle électorale sociologiquement déterminée. Le vote ouvrier n'est plus massivement orienté en direction des partis de gauche, tout comme celui des cadres ne se porte plus majoritairement sur les partis de droite. Les choix sont désormais fluctuants. La politique, comme le signale encore fort justement Pierre Rosanvallon, s'est « désociologisée ». Le vide s'est fait et les partis, qui perdurent institutionnellement, entretiennent un rapport de plus en plus rhétorique au social. Cela se traduit par un double phénomène électoral : la montée de l'abstention et la volatilité des suffrages. Depuis les années quatre-vingt, près d'un électeur sur deux ne se déplace plus pour aller voter et aucune majorité parlementaire n'avait été reconduite avant 2007. Plus grave encore, ce phénomène s'accompagne du développement d'une nouvelle forme de poujadisme qui pousse une partie de la population à une critique radicale de l'action des hommes politiques, à se tourner vers l'extrême droite ou vers l'extrême gauche. Pourtant le poujadisme actuel est assez éloigné de celui de l'après-guerre. En effet, le mouvement des années cinquante a symbolisé la prise de parole de populations menacées par la modernisation du pays. Ce n'est pas un

---

[217] Pierre Rosanvallon, *La République du Centre*, op. cit., p.149.

hasard si son meneur charismatique, Pierre Poujade, était un petit papetier de Saint-Céré dans le Lot. Les artisans, les petits commerçants, la France rurale et des gros bourgs - plutôt que celle des villes - faisaient figures de victimes expiatoires de la modernité. Les nouvelles formes de distribution, l'accélération de l'exode rural, la modernisation de l'agriculture transformaient de manière radicale la vie économique et sociale du pays creusant un fossé entre certaines catégories de population et le système politique qui encourageait cette évolution. En revanche, le fossé que nous constatons aujourd'hui n'est pas aussi sociologiquement déterminé que celui des années cinquante. Il ne manifeste pas tant le problème d'une catégorie sociale particulière qu'il n'exprime une crise diffuse et atomisée des mécanismes de l'intégration sociale. Plus que des professions ou des classes, ce sont des groupes d'individus qui manifestent leur malaise. Si le poujadisme des années cinquante exprimait une crise de la représentation, il était assez clairement délimité d'un point de vue sociologique et géographique. Ce n'est pas le cas avec le mouvement que nous connaissons aujourd'hui. Par exemple, le vote Front national est bien éloigné de celui en faveur de l'UDCA (Union des commerçants et des artisans) qui présenta des candidats aux élections législatives de 1956. Le choix actuel en faveur de ce parti d'extrême droite est largement interclassiste avec néanmoins une prédominance ouvrière. C'est un électorat qui n'en demeure pas moins relativement « flou et indescriptible, formant une sorte de patchwork social et non un bloc aux contours clairement identifiables[218] ». Une autre caractéristique est sa grande mobilité : en 1986, 60% des voix du parti de Jean-Marie Le Pen étaient nouvelles par rapport à 1984. Depuis les années quatre-vingt-dix, il semble néanmoins qu'il se soit stabilisé sans perdre d'ailleurs son caractère « patchwork social ». Le recul du FN, amorcé en 2007, ne remet pas fondamentalement en cause cette analyse.

Cette fin du spectre de la guerre civile a vu aussi dans les faits « une recomposition de la vie politique autour d'un libéralisme

---

[218] P. Rosanvallon, op. cit., p. 150.

œcuménique, célébration du droit et apologie du marché...[219] » où, malgré un chômage élevé et une précarisation croissante de nombreuses catégories de la société, le discours politique est de plus en plus déconnecté de la vie sociale.

L'effondrement du communisme a consacré la victoire de la démocratie libérale comme modèle politique et économique. La supériorité du libéralisme sur le communisme ne souffrait plus la discussion pour une immense majorité de nos élites. La fin de l'affrontement idéologique qui avait marqué une grande partie du XXe siècle sonna pour de nombreux essayistes comme « la fin de l'histoire[220] ». On entrait désormais dans une ère nouvelle qui serait régie par un formidable mouvement de mondialisation ou de globalisation qui achèverait de ruiner la puissance des Etats pour le plus grand profit des individus. La libre circulation des capitaux s'accompagnerait de la libre circulation des marchandises et des hommes. La prospérité devait ainsi gagner la planète. Cette vision idéale des bouleversements en cours ne résista pas au-delà de quelques mois. Tout d'abord la victoire de la démocratie sur le totalitarisme s'avéra beaucoup plus ambiguë que ne le laissait prévoir l'enthousiasme des premiers jours. L'effondrement de la chape de plomb du communisme libérait les énergies nationalistes dans les anciens pays du bloc de l'Est. L'unification de l'Allemagne en 1990 fit figure d'exception dans un monde beaucoup plus marqué par la décomposition étatique. L'URSS disparut corps et biens. La Tchécoslovaquie, en dépit de sa « révolution de velours », se scinda en deux Etats. La Yougoslavie implosa et s'abîma dans une succession de conflits armés et de massacres. La guerre dévastatrice, après cinquante ans de paix, faisait sa réapparition en Europe. La fin de l'affrontement Est/Ouest laissait un monde profondément déstabilisé et de plus en plus rongé par le cancer du terrorisme. Les attentats du 11 septembre 2001 aux Etats-Unis firent prendre conscience que la première puissance mondiale pouvait être

---

[219] Pierre Rosanvallon, in *La République du Centre*, op. cit., pp. 138-139.
[220] La thèse de Francis Fukuyama connut son heure de gloire avant de subir une critique en règle. Les intellectuels français prirent une part importante dans sa réfutation.

elle aussi frappée. On a connu meilleure victoire de la démocratie. Ensuite, l'accélération de la globalisation de l'économie dans les années quatre-vingt-dix se traduisit par de profondes restructurations du système industriel. Les délocalisations de la production à destination de pays où le coût de la main d'œuvre est faible se multiplièrent entraînant inévitablement la suppression de nombreux postes de travail, souvent à faible qualification. Si la fameuse R&D (recherche et développement) crée des emplois, elle ne compense pas toutes les pertes. La multiplication de ces activités de pointe est aussi un défi pour notre système de formation. Cette évolution contribua au recul de la société industrielle sur laquelle s'était bâtie la prospérité des années soixante, mais aussi tout ce qui structurait notre univers social : le plein emploi, la grande entreprise qui réunissait un nombre très important de travailleurs, des trajectoires professionnelles sûres, une sphère économique comprise dans les régulations publiques et sociales de l'Etat-providence. Le fordisme - fondé sur l'augmentation de la production, des gains de productivité, des salaires et de la consommation - a longtemps permis la réduction des inégalités salariales et la promotion sociale. Le fameux ascenseur social ne fonctionna peut-être pas aussi bien qu'on le dit aujourd'hui, mais l'espoir de voir sa condition et celle de ses enfants s'améliorer existait bel et bien.

C'est tout cela qui a volé en éclats ces dernières années. Le moule du progrès social s'est cassé. La sécurité a cédé la place à la précarité : « le développement du capitalisme de services et la mondialisation de l'économie ont donné lieu à des entreprises plus petites où les relations d'emploi sont profondément bouleversées, les carrières plus accidentées et les situations professionnelles plus individualisées[221] ». Pour autant, la mondialisation ne peut expliquer tous les maux de la société française. Les frontières entre précarités et sécurité ne relèvent pas des négociations de l'OMC. Les pénibilités au travail sont souvent moins fortes dans des pays tout aussi ouverts à la mondialisation que la France. Les mécanismes de déclassement, ainsi que la relégation d'une partie

---

[221] La République des idées, *La nouvelle critique sociale*, Paris, Le Seuil, 2006, p.10.

des jeunes générations sont moins prononcés en Allemagne, en Suède, au Danemark, aux Pays-Bas que chez nous.

Ainsi cette crise de la représentation dont souffre notre pays est-elle plus complexe qu'il n'y paraît. Son caractère global ne fait plus de doute aujourd'hui. Elle n'est plus – si elle ne l'a jamais été – le propre de la sphère politique, mais faute d'avoir compris suffisamment tôt cette évolution le discours politique sensé y répondre se trouve profondément déconnecté de la réalité. C'est moins la volonté qui fait défaut que l'intelligence. Pour plagier Marc Bloch, nous vivons une bien « étrange défaite ». Il n'y a pas néanmoins de rejet du politique. Au contraire, le malaise est profond parce que l'attente est forte. Est-il alors insensé de penser que ce qui a contribué à la mise en sommeil du mythe de l'homme providentiel puisse, tant le désarroi est important, favoriser son réveil ?

Le retour ou les métamorphoses du sauveur

La deuxième vie de l'homme providentiel
Rien ne permet aujourd'hui d'affirmer que les Français sont prêts à entendre l'appel au sauveur. Pourtant la personnalisation du pouvoir reste une donnée forte de notre vie politique. La séduction personnelle touche d'ailleurs autant la gauche que la droite. Même si la culture politique de cette dernière la rend plus sensible au culte du chef : celui par qui l'ordre est rétabli, il serait inexact de considérer que la gauche ne puisse y sacrifier. L'histoire est là pour nous le démontrer. Les républicains de progrès n'étaient-ils pas des hommes d'ordre ? Une partie de la gauche n'a-t-elle pas succombé au charisme du maréchal Pétain[222] ? Avant que Boulanger ne finisse par les effrayer, les radicaux ne l'ont-ils pas soutenu ? Bien qu'elle s'en défende, de nombreux exemples existent qui tendent à prouver que cette famille politique ne fut pas insensible à l'image du sauveur. Pourquoi d'ailleurs pourrait-il en être autrement ? Si l'idéologie peut être différente, les grandes thématiques politiques ne sont pas l'exclusive d'une famille ou d'une autre. Au contraire, elles ont souvent voyagé entre les deux camps. A la fin du XIXe siècle, c'est la gauche qui défend la colonisation et l'ordre, tandis que la droite est régionaliste et décentralisatrice. Au milieu du XXe siècle, la gauche se rallie progressivement à la décolonisation et c'est François Mitterrand, élu Président de la République, qui prend l'initiative de la décentralisation avec la loi de 1982 organisant un transfert sans précédent des pouvoirs de l'Etat vers les collectivités territoriales. De la même manière, la droite s'est vite emparée des thèmes de l'ordre et de la sécurité. Il faut attendre la fin du XXe siècle pour voir la gauche les lui disputer. Ce qui ne manque d'ailleurs pas de créer parmi nombre de militants un certain trouble tant ils sont identifiés aux valeurs de l'autre camp. Si d'une manière générale l'adhésion à l'image du sauveur relève plus d'une culture

---

[222] Didier Fischer, *Le mythe Pétain*, Paris, Flammarion, 2002.

politique de droite, il n'en est pas moins vrai que la gauche n'y est pas non plus indifférente. Après tout l'homme providentiel peut aussi être porteur de valeurs de justice sociale et ne pas conduire le pays sur les chemins de la dictature politique. Comment sinon comprendre l'adhésion d'une partie d'un électorat de gauche au gaullisme ? De Gaulle n'avait-il pas été à l'initiative des grandes réformes économiques et sociales de l'après-guerre : nationalisations, allocations familiales, sécurité sociale… ? Aujourd'hui, toute proportion gardée, Nicolas Sarkozy ne réussit-il pas à séduire quelques unes des figures les plus en vue du Parti socialiste ? La mise en place du RSA et son financement par un impôt sur les revenus du capital ne s'apparente-elle pas plus à une mesure de gauche qu'à une mesure de droite ?

Notre culture politique est un héritage qui remonte au moins à l'établissement du pouvoir monarchique revisité par la période des Lumières. Montesquieu, Rousseau, Voltaire, Diderot entre autres ont su façonner un corpus idéologique d'où il ressort quelques principes forts : la séparation des pouvoirs, la volonté générale, la raison, la tolérance, mais aussi le triomphe de l'individu, la liberté et l'égalité. Ils contribuèrent à renverser la monarchie absolue et à forger un régime de nature démocratique. Pourtant rien n'est définitivement tranché entre un régime de démocratie parlementaire et un régime de démocratie autoritaire. Tout au long de la phase révolutionnaire les deux existèrent et continuèrent d'exister bien au-delà de cette période. La gauche et la droite pourront d'ailleurs tour à tour se revendiquer de l'un ou de l'autre. La tentation du « prince-président » est ainsi une donnée récurrente de notre histoire politique. Elle repose en fait sur le déficit de légitimité dont on souffert tous les régimes qui se sont succédés depuis la Révolution française.

La remise en cause brutale de l'assise sur laquelle s'était bâtie le pouvoir monarchique - l'Etat incarné dans la personne du roi – constitue une rupture à nulle autre pareille dans la dévolution du pouvoir. En effet, comme le souligne Jacques Julliard, la France de la Révolution « a littéralement voulu changer de base en substituant à ces deux piliers traditionnels de la monarchie française, que sont le droit divin et la continuité historique, un principe unique la souveraineté du peuple[223] ». La nature du pouvoir s'en trouve profondément changé. Le principe monarchique avait l'avantage de supprimer tout débat sur la personnalité du détenteur du pouvoir. A la mort du roi, le fils aîné ou le mâle le mieux placé dans l'ordre de succession monte sur le trône. Il n'y a ni compétition ni contestation, le pouvoir est évident : « le roi est mort, vive le roi ». Il appartient bien à l'ordre naturel des choses. Le principe démocratique se fonde au contraire sur la compétition où le plus méritant, tout au moins reconnu comme tel par ses concitoyens, l'emporte. La légitimité ne va pas de soi et peut être remise en cause périodiquement. Cela fait la grandeur de la démocratie, mais peut aussi être l'expression de sa faiblesse, toujours selon Jacques Julliard : « la compétition enlève au pouvoir l'essentiel de son prestige et même de sa dignité : qu'est-ce donc que ce pouvoir qui peut en théorie échoir au plus modeste d'entre nous ? En relativisant le pouvoir la démocratie en mine le principe ; à la limite, elle tend à l'anarchie ».

Quoi qu'il en soit, le pouvoir relève d'un principe abstrait qu'il est nécessaire de rendre intelligible au plus grand nombre. En monarchie, il est personnifié par le souverain. En démocratie, cette personnification théoriquement n'existe pas puisqu'il émane du peuple. La réalité est évidemment différente. Dès son origine, la démocratie s'est incarnée dans les hommes qui gouvernaient. Périclès fut le vivant symbole de ce nouveau mode de gouvernement dans le monde grec de l'antiquité. L'établissement de la République en France a aussi ses grandes figures : les Gambetta, Ferry, Grévy, Clemenceau... Que dire aujourd'hui de la place et du rôle du Président de la République dans nos institutions ? Ce monarque-président, même affaiblit par plusieurs cohabitations, porte toujours beau. Preuve s'il en est que la cassure entre l'ancien et le nouveau a nécessité, en dépit du discours idéologique, de trouver quelques ferments de continuité sous la forme de cette nostalgie de la personnalisation du pouvoir. La démocratie n'y échappe donc pas, et quand elle va mal, ce qui est souvent le cas, la tentation du sauveur refait surface.

---

[223] J. Julliard, *Que sont les grands hommes devenus ?*..., op. cit., p. 118.

Les institutions de la Ve République ont eu au moins le mérite de réaliser une forme de synthèse des principes parlementaire et autoritaire de gouvernement. Il n'est pas dit que l'équilibre atteint puisse se maintenir encore de longues années. Pour autant, comme nous le signalions déjà, les velléités de réforme restent modestes. La gauche qui demeure toujours la plus critique a pris acte qu'elle n'était pas en mesure de revenir sur l'élection du Président de la République au suffrage universel : son propre électorat ne suivrait pas. Un pouvoir exécutif fort, un président légitimé par le suffrage universel, restent la garantie d'un gouvernement stable et efficace. Il est clair que la personnalisation du pouvoir est loin d'être battu en brèche en ce début de XXIe siècle. Si les Français aiment le débat et accordent de l'importance aux idées, ils veulent que ces dernières s'incarnent dans des hommes et des femmes de conviction. Ils conservent même une certaine fascination pour celles ou ceux capables d'aller à contre-courant. La crise de la représentation ne marque pas la fin du politique, ni l'effacement définitif du mythe de l'homme providentiel, juste peut-être une inflexion dans une culture politique plus que bicentenaire. Pour autant, notre sauveur peut-il conserver les mêmes traits qu'aux siècles précédents ? Sa si longue absence ne le contraint-il pas à subir certaines métamorphoses ?

Un portrait new look ?

L'histoire prédictive est un exercice périlleux, voire contraire à la déontologie de l'historien. Il n'est pourtant pas tout à fait illégitime d'essayer de distinguer certains traits d'un visage qui ne peut être que le produit de l'évolution de notre culture politique depuis les années soixante.

Le prêtre, le militaire et le professeur ne sont plus des figures centrales de notre société. La déchristianisation et la crise des vocations ont relégué le premier loin des préoccupations de la majeure partie de la population. Si les Journées mondiales de la jeunesse (JMJ) organisées par l'Eglise catholique enregistrent des succès de participation, elles ne contribuent pas pour autant à faire renaître une tradition religieuse de masse. Au contraire, toutes les études montrent que la pratique dominicale continue de reculer tandis que les jeunes générations grandissent de plus en plus à l'écart de toute culture religieuse. L'anticléricalisme n'est même plus aujourd'hui un point de clivage. De la même manière, la fin des grands conflits en Europe et la disparition du service militaire en France au profit d'une professionnalisation de notre armée ont contribué à effacer le prestige et l'utilité sociale du deuxième. Nombre de casernes ont fermé, tandis que certains régiments étaient dissous. Les uniformes ont disparu de nos paysages urbains. L'antimilitarisme, encore fort dans les années soixante, est en recul, signe d'une indifférence de plus en plus importante de nos concitoyens pour la chose militaire. Servir n'est plus une vocation. On signe aujourd'hui un engagement pour avoir un travail et une formation. Enfin, le professeur a lui aussi perdu de son aura. L'effacement de son monopole sur la transmission des connaissances, mais surtout la fin de son rôle actif dans la défense du régime républicain le relègue à une aimable dimension éducative. « Les hussards noirs de la République », chers à Péguy, sont désormais de l'histoire ancienne. Il ne suffit pas de mettre la blouse et de s'emparer de la craie pour en imposer à nos chères têtes blondes. Le métier, au fur et à mesure de l'évolution sociale, est devenu d'une grande complexité dont la querelle récente entre les « pédagogues » et les « républicains » ne rend pas compte[224]. On peut toujours regretter le bon vieux temps et l'école de Jules Ferry, mais sauf à croire au mythe de l'âge d'or, il faut bien convenir que le passé n'était peut-être pas aussi idéal que cela. Cette école « républicaine » entretenait le clivage social entre les enfants des

---

[224] A la fin des années quatre-vingt-dix, une abondante littérature rendit compte d'un affrontement parfois violent entre ceux qui considéraient que la fonction de l'école était d'abord de transmettre des connaissances et ceux qui affirmaient qu'elle avait avant tout une mission éducative sans pour autant renoncer à la transmission des connaissances à partir d'une pédagogie adaptée. Philippe Meirieu, conseiller du ministre de l'époque, Claude Allègre, professeur en sciences de l'éducation, figure emblématique de ces pédagogues, fut souvent pris à partie par ceux qui rejetaient cette démarche et souhaitaient une école sanctuaire qui avait à leurs yeux le mérite de protéger à la fois l'élève et le professeur.

milieux populaires qui avaient accès à l'école primaire - et pour les meilleurs au certificat d'études[225] - et les enfants de la bourgeoisie qui entraient au lycée dès les petites classes. Pour autant, la représentation de l'enseignant était toute autre avant le milieu du XXe siècle. La détention du savoir était bien source de prestige et de reconnaissance sociale. Ce n'est plus le cas aujourd'hui.

Ce déclassement du prêtre, du militaire et du professeur est avant tout l'expression d'une mutation de l'autorité dans notre société. Une autorité nouvelle, rejetant toute forme d'autoritarisme, s'est développée à partir des années soixante. Elle ne s'imposait plus naturellement, mais se transformait en un élément d'une négociation contractuelle. La règle devait désormais s'accompagner du consentement. Cette évolution toucha l'ensemble des grandes institutions sociales et politiques et eut d'importantes conséquences sur les pratiques éducatives. Il est courant d'attribuer ces changements au mouvement de Mai 68. Force est de constater qu'ils intervinrent avant, les manifestants de 1968 ne firent que les populariser[226]. Si les Français veulent être gouvernés, comme l'affirmait Jules Ferry dans son analyse du boulangisme, ils ne souhaitaient plus l'être dans les années soixante comme ils l'avaient été précédemment. L'éloignement des grands conflits, le développement de la prospérité et l'élévation du niveau d'éducation concouraient à cette remise en cause d'une pratique politique où la décision n'était pas le fruit de la concertation. L'exercice gouvernemental devait désormais s'inscrire dans une démarche pédagogique de premier plan. A l'oublier parfois, les gouvernements s'exposent à essuyer des échecs. Cette aspiration à une démocratie participative de la part de nos concitoyens traduit plus une volonté de voir la personnalité de nos dirigeants changer

---

[225] Les écoles primaires supérieures qui se développèrent à la fin du XIXe siècle permirent néanmoins aux meilleurs élèves de poursuivre une formation au-delà du certificat d'études. Elles furent transformées en collèges modernes par la loi Carcopino de 1941. Cette réforme, sans que cela soit le but poursuivi par le ministre du gouvernement de Vichy, accéléra la démocratisation de l'enseignement.

[226] Didier Fischer, *L'histoire des étudiants en France de 1945 à nos jours*, Paris, Flammarion, 2000.

qu'un rejet de la personnalisation du pouvoir. Dans ce nouveau contexte, le sauveur ne pourra être que plus modeste, moins éclatant. L'image du chef de guerre pourfendant l'ennemi et se taillant un empire, tels Alexandre ou Napoléon, ne fait plus aujourd'hui rêver. Ce dernier ne cesse d'ailleurs de dégringoler dans le « hit parade » des personnalités historiques préférées des Français[227]. Dans cette démocratie d'opinion, il devra soit incarner jusque dans leurs contradictions les plus flagrantes les aspirations des Français, soit s'afficher en rupture totale avec le suivisme électoral pour montrer une voie nouvelle. Dans les deux cas, il s'agira malgré tout de la posture du démagogue. Les métamorphoses restent de façade. L'appel continuera de procéder du même ressort : celui d'une adhésion quasi mystique à une personnalité en qui on place sa confiance pour venir à bout d'une crise exceptionnelle. Pourquoi pourrait-il en être différent ? Après tout la politique peut-elle toujours se résumer à des choix rationnels ? Le croire ne conduirait-il pas à des expériences dangereuses ? L'ordre et la rationalité au service de la fabrication d'un homme nouveau ont été la quête impossible des régimes autoritaires, pour ne pas dire totalitaires. La vocation de la politique n'est pas la naissance d'un homme nouveau, mais l'avènement d'une société plus juste et plus humaine. La politique n'est-elle pas cette science des hommes en société qui doit veiller au bon gouvernement de la cité ?

A notre sens, les évolutions politiques et sociales qui ont affecté la France depuis la fin des années cinquante n'ont pas mis fin au mythe de l'homme providentiel. Elles ont juste contribué à son effacement temporaire en rendant moins prégnantes les conditions nécessaires d'un appel. L'entrée de notre pays dans l'ordre commun des démocraties occidentales n'a pas encore profondément affecté sa culture politique. Le séisme révolutionnaire, comme a pu le

---

[227] J.N. Jeanneney et P. Joutard, op. cit. p. 66. « En 2003, de Gaulle continue à être en tête avec le même score, Jacques Chirac dépasse Napoléon, car, sur la longue durée, les Français sont de moins en moins napoléoniens. L'Empereur ne cesse de baisser depuis 1948 ».

montrer la commémoration tronquée du bicentenaire en 1989, mais aussi la poursuite de la polémique dans les années quatre-vingt-dix à propos des massacres de Vendée[228], n'est toujours pas assumé. La brutalité, qu'ont constituée le changement de régime et l'exécution du roi en 1793, fait toujours en France de la personnalisation du pouvoir une donnée intangible de notre vie politique. L'héritage monarchique est évident et personne, au fond, ne cherche à le nier. Plus qu'une mauvaise conscience collective, il s'agit tout simplement de l'expression d'une démocratie inachevée. Si la République française est démocratique dans ses principes, dans sa réalité elle ne se confond pas totalement avec la démocratie. Ce décalage continue de rendre possible, dans des conditions exceptionnelles, le recours au sauveur. A moins que, selon l'analyse récente de Jacques Julliard, les élections présidentielle et législatives de 2007 n'aient fini par imposer en France le bipartisme et l'amorce de cette évolution profonde de notre vie politique : « La Ve République nous avait donné la bipolarisation, c'est-à-dire l'organisation de la vie politique autour de deux pôles, la majorité et l'opposition. Les électeurs sont en train de nous donner le bipartisme, c'est-à-dire la réduction de chacun des deux camps, la gauche et la droite, à un parti dominant. Contrairement à ce que l'on prétend, la France n'est pas le pays qui a inventé la division de l'opinion en deux camps. Son idéal n'est pas le bipartisme, mais l'union nationale. L'Ancien Régime et la Révolution sont sur ce point d'accord : la seule question, mais elle est décisive, est de décider autour duquel des deux camps se fera l'union. Des grandes démocraties occidentales, la France a été la plus lente et la plus réticente à admettre que la division de la robe sans couture de l'unité nationale n'est pas un accident dû au mauvais vouloir de quelques « séparatistes » (le mot est de De Gaulle), mais une situation normale[229] ».

---

[228] Jean-Clément Martin, *La Vendée de la mémoire, 1880-1980*, Le Seuil, Paris, 1989.
[229] Jacques Julliard, « Socialistes, croyez-vous encore à vos mythes ? » in *Le Nouvel Observateur*, n°2230, 2-8 août 2007, p. 22.

Epilogue :

L'homme providentiel est donc bien le produit d'une histoire politique et culturelle propre à notre pays. Si l'antiquité a connu son lot de sauveurs charismatiques comme Plutarque nous le rapporte dans ses *Vies parallèles*[230], c'est au XVIe siècle que la matrice se stabilise en France, d'abord inspirée par l'épopée militaire d'une jeune fille, avant de s'identifier à la personne royale. Les monarques font appel aux chroniqueurs dont la mission est d'ancrer dans le passé la dynastie capétienne pour mieux légitimer sa domination et forger autour du roi, pas seulement un royaume, mais déjà une nation. La construction du mythe va de pair avec l'affirmation de l'autorité de l'Etat incarnée par un roi qui puise sa légitimité aux sources de la Providence. Le pouvoir est ainsi par essence de nature providentielle. Il échappe aux hommes et fait du souverain l'envoyé de Dieu. La monarchie absolue, avant d'être deux siècles durant le lot commun du gouvernement et sombrer dans l'épisode révolutionnaire, s'est d'abord imposée contre une aristocratie remuante. Des guerres de religions à l'épisode de la Fronde, qui a tant marqué le jeune roi Louis XIV obligé de se réfugier dans le château de Saint-Germain-en-Laye, la révolte des Grands du royaume reste cette perpétuelle épée de Damoclès pour la couronne. En faisant émerger la notion de souveraineté du peuple, la Révolution française remet en cause cette construction patiente et incertaine. La dévolution du pouvoir change radicalement. Sa conception démocratique se fonde sur l'élection qui n'est autre qu'une compétition entre des individus qui prétendent exercer ce pouvoir. A l'instar de l'absolutisme, la démocratie s'affirma difficilement en France sous les traits de la république. Mais une république dotée d'un Parlement « inapte au compromis » qui excellait dans la définition de « l'orthodoxie » en

---

[230] Thierry Beaubiat, *Les caractéristiques du charisme dans les Vies parallèles de Plutarque*, Master d'histoire ancienne, sous la direction du professeur Dumont, Faculté des Lettres et des Sciences Humaines de Limoges, 2005.

contradiction avec un suffrage universel qui recherchait l'apaisement. Pour Odile Rudelle, cette république est absolue[231]. Elle est « une et indivisible comme le monarque avait été un et souverain, la république absolue est celle qui s'enferme dans la citadelle du gouvernement indirect pour refuser que le peuple soit appelé à trancher de questions vitales. Ce faisant, elle exclut du jeu normal de la compétition politique nombre de non-conformistes qui cherchent alors d'autres issues[232] ». Si l'on suit cette analyse, l'appel au sauveur serait consubstantiel à cette pratique républicaine du pouvoir. Il n'y aurait donc pas d'antinomie particulière entre l'homme providentiel et la république à la française. Le retour de la Providence ferait ainsi périodiquement figure de mode de régulation en situation de crise. Le sauveur, et ce n'est pas là le moindre des paradoxes, conforterait toujours à plus ou moins long terme le régime républicain. Pétain et l'Etat Français n'ont pas failli à la règle. Bien involontairement, Vichy a permis le renouveau de la République à la fois comme repoussoir idéologique et comme réservoir à hauts fonctionnaires. La IVe République a su profiter de cet apport pour reconstruire le pays et assurer son développement. En juin 1958, le retour du général de Gaulle au pouvoir parachève une œuvre entamée onze ans plus tôt.

L'effacement, depuis la fin des années soixante, de la figure charismatique du sauveur révèle en fait autant de problèmes qu'il n'en résout. Il est probable, comme le souligne Pierre Rosanvallon dans un ouvrage récent[233], que nous soyons entrés dans un nouvel âge de notre histoire démocratique, celui de « la défiance ». Il structurerait un nouveau continent politique : « la contre-démocratie ». Si les citoyens fréquentent moins les urnes, ils ne sont pas devenus pour autant passifs. Bien au contraire, ils interviennent dans un registre différent. Ils font irruption dans le débat politique sous la forme de collectif de défense ou de surveillance, veulent

---

[231] Odile Rudelle, *La République absolue (1870-1889)*, Paris, Les Publications de la Sorbonne, 1986.
[232] Ibid., pp. 289-290.
[233] Pierre Rosanvallon, *La contre-démocratie. La politique à l'âge de la défiance*, Paris, Le Seuil, 2006.

participer aux décisions, s'imposent en juges de l'action politique de leurs représentants. Ils ne croient plus au charisme du sauveur, à celui qui serait en situation de faire seul le bonheur du peuple. Pour autant, l'attente des citoyens est fondamentalement ambivalente : ils veulent à la fois des représentants qui leur ressemblent et qui se distinguent. Etre ordinaire et exceptionnel relève de la gageure. La classe politique commence à prendre en compte ce mouvement et essaie d'y répondre. Mais à trop vouloir le valoriser, le risque du populisme lié à l'émergence d'une démocratie d'opinion se tient en embuscade et avec lui, le retour de l'homme providentiel avide d'union nationale. Après tout une lecture attentive de Plutarque nous apprend qu'il n'y a pas de contradiction entre la démocratie et l'avènement du sauveur. Ce dernier, à l'image d'un Timoléon, ne lutte-t-il pas contre la tyrannie ? Mais ce qui pouvait être vrai dans l'antiquité ne s'est pas toujours avéré exact au XXe siècle. Peut-il en être différent dans les années à venir ?

Bibliographie sommaire

Le cadre général et les événements de la période

Agulhon Maurice, *La République de Jules Ferry à François Mitterrand (1880-1995)*, Hachette, Paris, 1997.
Avril Pierre, *La Ve République. Histoire politique et constitutionnelle,* PUF, Paris, 1987.
Azéma Jean-Pierre, *De Munich à la libération*, NHFC-14, Le Seuil, Paris, 1979.
Becker Jean-Jacques, *Histoire politique de la France depuis 1945*, A. Colin, Paris, 1998.
Becker Jean-Jacques, *Crises et alternances (1974-1995)*, NHFC-19, Le Seuil, Paris, 1998.
Berstein Gisèle et Serge, *La Troisième République (Les noms, les thèmes, les lieux)*, M.A. Editions, Paris, 1987.
Berstein Serge, *La France de l'expansion. 1. La république gaullienne (1958-1969)*, NHFC-17, Le Seuil, Paris, 1989.
Berstein Serge, Rioux Jean-Pierre, *La France de l'expansion. 2. L'apogée Pompidou (1969-1974)*, NHFC-18, Le Seuil, Paris, 1995.
Chapsal Jacques, *La vie politique en France de 1940 à 1958*, PUF, Paris, 1987.
Chapsal Jacques, *La vie politique sous la Ve République*, PUF (Coll. Thémis), Paris, 1990.
Dard Olivier, *Les années 30*, Le Livre de Poche, Paris, 1999.
Dubief Henri, *Le déclin de la IIIe République (1929-1938)*, NHFC-13, Le Seuil, Paris, 1976.
Eck Jean-François, *Histoire de l'économie française depuis 1945*, A. Colin, Paris, 1996.
Julliard Jacques, *La Quatrième République*, Calmann-Lévy, Paris, 1968.
Mayeur Jean-Marie, *La vie politique sous la Troisième République (1870-1940)*, Le Seuil, Paris, 1984.
Monier Frédéric, *Les années 20*, Le Livre de Poche, Paris, 1999.
Portelli Hugues, *La Ve République*, Grasset, Paris, 1994.

Rebérioux Madeleine, *La république radicale (1898-1914)*, NHFC, Le Seuil, Paris, 1975.

Rémond René, *Notre siècle. De 1918 à 1991*, Fayard, Paris, 1991.

Rémond René, *La république souveraine. La vie politique en France (1879-1939)*, Fayard, Paris, 2002.

Rioux Jean-Pierre, *La France de la Quatrième République*, 2 vol., NHFC -15 et 16, Le Seuil, Paris, 1980-1983.

Williams Philippe, *La vie politique sous la IVe République*, A. Colin, Paris, 1971.

Etudes d'histoire politique et culturelle

Berstein Serge, *Histoire du gaullisme*, Perrin, Paris, 2001.

Bloch Marc, *Les rois thaumaturges*, A. Colin, Paris, 1924.

Burguière André et Revel Jacques, *Histoire de France. Choix culturels et mémoires*, Le Seuil, Paris, 2000.

Burrin Philippe, *La France à l'heure allemande (1940-1944)*, Le Seuil, Paris, 1995.

Cointet Jean-Paul, *Histoire de Vichy*, Perrin, Paris, 2003.

Faure Christian, *Le projet culturel de Vichy*, Presses Universitaires de Lyon-Editions du CNRS, Lyon-Paris, 1989.

Fischer Didier, *L'histoire des étudiants en France de 1945 à nos jours*, Flammarion, Paris, 2000.

Frank Robert, *Le prix du réarmement français*, Imprimerie nationale, Paris, 1980.

Furet François, Julliard Jacques, Rosanvallon Pierre, *La république du centre. La fin de l'exception française*, Calmann-Lévy, Paris, 1988.

Gaborit-Chopin Danielle, *Regalia. Les instruments du sacre des rois de France*, Editions de la Réunion des musées nationaux, Paris, 1987.

Garrigues Jean, *Le boulangisme*, PUF (Que sais-je ?), Paris, 1992.

Gauchet Marcel, *Un monde désenchanté ?* Les Editions de l'Atelier, Paris, 2004.

Jaurès Jean, *L'armée nouvelle*, Imprimerie nationale, Paris, 1992.

Laborie Pierre, *L'opinion française sous Vichy*, Point-Seuil, Paris, 2001.

Loubet del Bayle Jean-Louis, *Les non-conformistes des années trente. Une tentative de renouvellement de la pensée politique française*, Le Seuil, Paris, 1969.

Nora Pierre (S.D.), *Les lieux de mémoire*, 3 vol., Quarto-Gallimard, Paris, 1997.

Paxton Robert, *La France de Vichy*, Le Seuil, Paris 1973.

Pouvoirs, « Le mendésisme », n°27, PUF, Paris, 1983.

Rémond René, *Les droites en France*, Aubier, Paris, 1983.

Rémond René, *Le retour de De Gaulle*, Complexe, Bruxelles, 1983.

Rosanvallon Pierre, *Le modèle politique français. La société civile contre le jacobinisme de 1789 à nos jours*, Le Seuil, Paris, 2004.

Rosanvallon Pierre, *La contre-démocratie. La politique à l'âge de la défiance*, Le Seuil, Paris, 2006.

Rosanvallon, Pierre, *La légitimité démocratique. Impartialité, réflexivité, proximité*, Le Seuil, Paris, 2008.

Rudelle Odile, *La république absolue. Aux origines de l'instabilité constitutionnelle de la France républicaine (1870-1889)*, Publications de la Sorbonne, Paris, 1986.

Sirinelli Jean-François (Dir.), *Histoire des droites en France*, 3 vol., Gallimard, Paris, 1992.

Touchard Jean, *La gauche en France depuis 1900*, Le Seuil, Paris, 1977.

Touchard Jean, *Le gaullisme (1940-1969)*, Le Seuil, Paris, 1978.

Winock Michel, *La fièvre hexagonale. Les grandes crises politiques (1871-1968)*, Calmann-Lévy, Paris, 1986.

Winock Michel, *L'agonie de la IVe République*, Gallimard, Paris, 2006.

Mythes, religions et méthodologie

Barthes Roland, *Mythologies*, Le Seuil, Paris, 1957 (réédition, Point Seuil, 1970).
Bloch Marc, *Apologie pour l'histoire ou métier d'historien*, A. Colin, Paris, 1949.
Dumézil Georges, *Mythe et Epopée*, 3 volumes, Gallimard, Paris, 1968-1973.
Durand Gilbert, *Introduction à la mythologie. Mythes et sociétés*, Albin Michel, Paris, 1996.
Eliade Mircea, *Images et symboles. Essai sur le symbolisme magico-religieux*, Gallimard, Paris, 1952.
Eliade Mircea, *Mythes, rêves et mystères*, Gallimard, 1957 (Folio6Essais, 2001).
Eliade Mircea, *Aspect du mythe*, Gallimard, Paris, 1963.
Eliade Mircea, *Le sacré et le profane*, Gallimard, Paris, 1965.
Fischer Didier, *Le mythe Pétain*, Flammarion, Paris, 2002.
Gauchet Marcel, *Le désenchantement du monde. Une histoire politique de la religion*, Gallimard, Paris, 1985.
Girardet Raoul, *Mythes et mythologie politiques*, Le Seuil, Paris, 1986.
Kershaw Ian, *Le mythe Hitler*, Flammarion, Paris, 2006.
Le Goff Jacques, *La Nouvelle Histoire*, Retz, Paris, 1978.
Le Goff Jacques, « L'histoire », in *Université de tous les savoirs. L'histoire, la sociologie et l'anthropologie*, Poches Odile Jacob, Paris, 2002.
Le Goff Jacques et Rémond René, *Histoire de la France religieuse. 3. Du roi très chrétien à la laïcité républicaine (XVIIIe-XIXe siècle)*, Le Seuil, Paris, 2001.
Lévi-Strauss Claude, *Mythologiques*, Plon, Paris, 1964.
Lévi-Strauss Claude, « Comment meurent les mythes », *Mélanges en l'honneur de Raymond Aron*, Calmann-Lévy, Paris, 1971.
Moneyron Frédéric et Joël Thomas, *Mythes et littérature*, PUF, Paris, 2002.

Namer Gérard, *Halbwachs et la mémoire sociale*, L'Harmattan, Paris, 2000.
Péguy Charles, *Clio*, Gallimard, Paris, 1932.
Prost Antoine, *Douze leçons sur l'histoire*, Le Seuil, Paris, 1996.
Rémond René, *Pour une histoire politique*, Le Seuil, Paris, 1988.
Rémond René, *Religion et société en Europe. La sécularisation aux XIXe et XXe siècles (1780-2000)*, Le Seuil, Paris, 2001.
Ricoeur Paul, *La mémoire, l'histoire, l'oubli*, Le Seuil, Paris, 2000.
Rioux Jean-Pierre et Sirinelli Jean-François (Dir.), *Pour une histoire culturelle*, Le Seuil, Paris, 1997.
Rousset Jean, *Le mythe de Don Juan*, A. Colin, Paris, 1978.
Sorel Reynal, *Critique de la raison mythologique. Fragments de discursivité mythique*, PUF, Paris, 2000.
Tulard Jean, *Le mythe de Napoléon*, A. Colin, 1971.
Veyne Paul, *Quand notre monde est devenu chrétien (312-394)*, Albin Michel, Paris, 2007.

Regards sur la France, les Français et le monde

Braudel Fernand, *L'identité de la France*, Flammarion, Paris, 1981.
Cohen Daniel, *Trois leçons sur la société post-industrielle*, Le Seuil, Paris, 2006.
Crubellier Maurice, *La mémoire des Français. Recherche d'histoire culturelle*, Henri Veyrier, Paris, 1991.
Galland Olivier et Lemel Yannick (Dir.), *La nouvelle société française. Trente années de mutations*, A. Colin, Paris, 1998.
Julliard Jacques, *Le malheur français*, Flammarion, Paris, 2005.
Kororeff Michel et Rodriguez Jacques, *La France en mutations. Quand l'incertitude fait société*, Payot, Paris, 2004.
La République des Idées, *La nouvelle critique sociale*, Le Seuil, Paris, 2006.
Martin Jean-Clément, *La Vendée de la mémoire (1880-1980)*, Le Seuil, Paris, 1989.

Rémond René, *Une mémoire française*, Desclée de Brouwer, Paris, 2002.

Rioux Jean-Pierre, *La France perd la mémoire. Comment un pays démissionne de son histoire*, Perrin, Paris, 2006.

Slama Alain-Gérard, *Le siècle de Monsieur Pétain*, Perrin, Paris, 2005.

Taguieff Pierre-André, *La république enlisée. Pluralisme, communautarisme et citoyenneté*, Editions des Syrtes, Paris, 2005.

Valéry Paul, *Regards sur le monde actuel et autres essais*, Gallimard, 1945 (Folio-Essais, 1996).

Images et communication

D'Almeida Fabrice, *Images et propagande au XXe siècle*, Casterman-Giunti, Paris, 1995.

De Baecque Antoine et Delage Christian (Dir.), *De l'histoire au cinéma*, Complexe, Bruxelles, 1998.

Delporte Christian, *Image et politique en France au XXe siècle*, Editions Nouveau Monde, Paris, 2006.

Delporte Christian, *La France dans les yeux. Une histoire de la communication politique de 1930 à nos jours*, Flammarion, Paris, 2007.

Ferro Marc, *Cinéma et histoire. Le cinéma agent et source de l'histoire*, Denoël-Gonthier, Paris, 1977 (réédition remaniée, Gallimard, Folio, 1993).

Garcon François, *De Blum à Pétain. Cinéma et société française (1936-1944)*, Le Cerf, Paris, 1984.

Gervereau Laurent, *un siècle de manipulations par l'image*, Somogy, Paris, 2000.

Gervereau Laurent et Peschanski Denis, *La propagande sous Vichy (1940-1944)*, BDIC/La Découverte, Paris, 1990.

Gourévitch Jean-Paul, *L'image en politique. De Luther à Internet et de l'affiche au clip*, Hachette-Littératures, Paris, 1998.

Biographies et essais sur les « grands hommes »

Bayet Albert, *Pétain et la cinquième colonne*, Editions Franc-Tireur, Paris, 1944.

Beaubiat Thierry, *Les caractéristiques du charisme dans les Vies Parallèles de Plutarque*, Master d'histoire ancienne, sous la direction du professeur Dumont, Faculté des lettres et des sciences humaines de Limoges, juin 2005.

Bédarida François et Rioux Jean-Pierre (Dir.), *Pierre Mendes France et le mendésisme*, Fayard, Paris, 1985.

Bloy Léon, *Jeanne d'Arc et l'Allemagne*, Paris, 1915, réédition in Œuvres de Léon Bloy, vol. IX, Mercure de France, Paris, 1969.

Bonnet Jean-Claude, *Naissance du Panthéon. Essai sur le culte des grands hommes*, Fayard, Paris, 1998.

Centlivres Pierre, Fabre Daniel et Zonabend (Dir.), *La fabrique des héros*, Editions de la Maison des sciences de l'homme, Paris, 1998.

Chanet Jean-François, *Les Grands Hommes du Panthéon*, Editions du Patrimoine, Paris, 1996.

Chastenet Jacques, *Raymond Poincaré*, Paris, 1948.

Clin Marie-Véronique et Pernoud Régine, *Jeanne d'Arc*, Fayard, Paris…

Dansette Adrien, *Le boulangisme (1886-1890)*, Perrin, Paris, 1938.

Duc de Castries, *Monsieur Thiers*, Paris, 1983.

Duroselle Jean-Baptiste, *Clemenceau*, Fayard, Paris, 1988.

Ferro Marc, *Pétain*, Fayard, Paris, 1987.

Fondation Charles de Gaulle, *Charles de Gaulle. 1920-1940, du militaire au politique*, Plon, Paris, 2004.

Fondation Charles de Gaulle, *Charles de Gaulle et la jeunesse*, Plon, Paris, 2005.

Garrigues Jean, *Le général Boulanger*, Perrin, Paris, 1999.

Griffiths Robert, *Pétain et les Français*, Calmann-Lévy, Paris, 1974.

Guiral Pierre, *Adolphe Thiers ou De la nécessité en politique*, Fayard, Paris, 1986.

Hervé Gustave, *C'est Pétain qu'il nous faut*, Editions La Victoire, Paris, 1936.

Jeanneney Jean-Noël et Joutard Philippe, *Du bon usage des grands hommes en Europe*, Perrin, Paris, 2003.

Julliard Jacques, *Clemenceau briseur de grèves. L'affaire de Draveil-Villeneuve-Saint-Georges (1908)*, Julliard, Paris, 1965.

Julliard Jacques, *Que sont les grands hommes devenus ? Essai sur la démocratie charismatique*, Editions Saint-Simon, Paris, 2004.

Lacouture Jean, *De Gaulle*, 3 vol., Le Seuil, Paris, 1984-1986.

Général Laure, *Pétain*, Berger-Levrault, Paris, 1941.

Levillain Philippe, *Boulanger, fossoyeur de la monarchie*, Flammarion, Paris, 1982.

Lottman Herbert, *Pétain*, Paris, Le Seuil, 1984.

Malo Henri, *Thiers (1797-1877)*, Paris, 1932.

Malraux André, *Les chênes qu'on abat*, in *Œuvres complètes*, T. III, La Pléiade, Gallimard, Paris, 1996.

Michelet Jules, *Jeanne d'Arc*, Paris, 1853, réédition Hachette, Paris, 1888.

Minois Georges, *le culte des grands hommes. Des héros homériques au star system*, Editions Louis Audibert, Paris, 2005.

Martet Jean, *Monsieur Clemenceau peint par lui-même*, Albin Michel, Paris, 1929.

Martet Jean, *Le silence de M. Clemenceau*, Albin Michel, Paris, 1929.

Martet Jean, *Le Tigre*, Albin Michel, Paris, 1930.

Mordacq Henri, *Clemenceau*, Editions de France, Paris, 1939.

Ollivier Emile, *M. Thiers à l'Académie et dans l'histoire*, Paris, 1879.

Pedroncini Guy, *Pétain, Le soldat (1914-1940)*, Perrin, Paris, 1998.

Pernoud Régine, *Jeanne d'Arc*, Le Seuil, Paris, 1981.

Plutarque, *Vies Parallèles*, Quarto-Gallimard, Paris, 2001.

Rizzo Jean-Louis, *Mendès France ou la rénovation en politique*, Presses de la FNSP, Paris, 1993.

Roth François, *Raymond Poincaré*, Fayard, Paris, 2000.

Tulard Jean, *Napoléon ou le mythe du sauveur*, Fayard, Paris, 1987.

Tulard Jean, *Napoléon, Le pouvoir, la nation, la légende*, Le Livre de Poche, Paris, 1997.
Wormser Georges, *Clemenceau vu de près*, Hachette, Paris, 1979.
Wormser Georges, *Le septennat de Poincaré*, Fayard, Paris, 1977.

Mémoires, récits, romans…

Adam Juliette, *Mes angoisses et mes luttes*, Lemerre, Paris, 1907.
Barrès Maurice, *Romans et voyages*, Robert Laffont (Coll. Bouquins), Paris, 1994.
Barthélémy Joseph, *Ministre de la Justice. Vichy (1941-1943). Mémoires*, Pygmalion, Paris, 1989.
Benoist Charles, *Souvenirs*, 3 vol., Paris, 1932-1934.
Caillaux Joseph, *Mes mémoires*, 3 vol., Paris, 1942-1947.
Chateaubriand François-René de, *De Buonaparte, des Bourbons, et de la nécessité de se rallier à nos princes légitimes pour le bonheur de la France et celui de l'Europe*, Arléa, Paris, 2004.
Chevalier Jacques, *La forêt de Tronçais en Bourbonnais*, Editions de la Chronique des Lettres françaises, Aux Horizons de France, Paris, 1940.
De Gaulle Charles, *Mémoires de guerre, L'appel, L'unité, Le salut*, Plon, Omnibus/Plon, 1994.
De Gaulle Charles, *Mémoires d'espoir, T.1 (1958-1962), T.2 (1962)*, Plon, Paris, 1971 (Ed. Omnibus/Plon, 1994).
Duc de Broglie, *Mémoires*, 2 vol., Paris, 1938.
Duhamel Georges, *Scènes de la vie future*, Paris, 1930.
Mauriac François, *Le dernier bloc-notes (1968-1970)*, Flammarion, Paris, 1971.
Pétain Philippe, *La crise morale et militaire de 1917*, Nouvelles Editions Latines, Paris, 1966.
Pétain Philippe, *Quatre années au pouvoir*, La Couronne Littéraire, Paris, 1949.
Pétain Philippe, *Actes et écrits*, Flammarion, Paris, 1974.

Rémusat Charles de, *Mémoires de ma vie*, 5 vol., Paris, 1951-1967.
Sartre Jean-Paul, *La nausée*, Gallimard, Paris, 1938.

Table des matières

Prologue : 9
A la recherche de l'homme providentiel...............15
Une matrice du XVIe siècle qui a fait école 16
L'homme providentiel a une histoire 16
Jeanne d'Arc ou l'incarnation de la Providence 20
Le culte de Jeanne : un enjeu politique 24
Une certaine conception de l'histoire.................................... 31
L'histoire, un « récit providentiel »................................... 31
L'histoire : une succession de catastrophes et de rétablissements spectaculaires.. 34
Le rôle historique et politique de l'homme providentiel.... 37
Un phénomène récurrent en France 40
Une constante de notre histoire 40
Boulanger ou l'appel au sauveur.. 43
Clemenceau, sauveur malgré lui ? 51
La carrière du sauveur.. 56
Les représentations de l'homme providentiel........67
De prestigieux modèles 69
Des représentations surgissant du passé............................ 69
Cincinnatus ou la sagesse de l'expérience et le désintérêt. 71
Alexandre ou la fougue du guerrier 76
Solon ou l'homme des fondations...................................... 80
Moïse ou l'archétype du prophète...................................... 85
Les attributs du sauveur 89
Les pouvoirs de la guérison.. 89
L'arbre de la vitalité.. 91
Le feu et la lumière 94
La foule 95
Une communication de crise... 100
La crise engendre l'appel 100
Une propagande orchestrée... 101
La presse et la représentation de l'homme providentiel... 107
La postérité de l'homme providentiel.................121
D'une légende l'autre 122

    La désacralisation ou la statue déboulonnée 122
    Le conflit des mémoires ou les fonctions de la légende noire
.... 128
    Le retour à l'histoire ? 131
Une si longue absence 135
    L'éclipse du sauveur 135
    Les raisons d'une éclipse 138
    La crise de la représentation 145
Le retour ou les métamorphoses du sauveur 151
    La deuxième vie de l'homme providentiel 151
    Un portrait new look ? 154
Epilogue : 159
Bibliographie sommaire 163
    Le cadre général et les événements de la période 163
    Etudes d'histoire politique et culturelle 164
    Mythes, religions et méthodologie 166
    Regards sur la France, les Français et le monde 167
    Images et communication 168
    Biographies et essais sur les « grands hommes » 169
    Mémoires, récits, romans… 171

L'HARMATTAN, ITALIA
Via Degli Artisti 15 ; 10124 Torino

L'HARMATTAN HONGRIE
Könyvesbolt ; Kossuth L. u. 14-16
1053 Budapest

L'HARMATTAN BURKINA FASO
Rue 15.167 Route du Pô Patte d'oie
12 BP 226
Ouagadougou 12
(00226) 76 59 79 86

ESPACE L'HARMATTAN KINSHASA
Faculté des Sciences Sociales,
Politiques et Administratives
BP243, KIN XI ; Université de Kinshasa

L'HARMATTAN GUINEE
Almamya Rue KA 028
En face du restaurant le cèdre
OKB agency BP 3470 Conakry
(00224) 60 20 85 08
harmattanguinee@yahoo.fr

L'HARMATTAN COTE D'IVOIRE
M. Etien N'dah Ahmon
Résidence Karl / cité des arts
Abidjan-Cocody 03 BP 1588 Abidjan 03
(00225) 05 77 87 31

L'HARMATTAN MAURITANIE
Espace El Kettab du livre francophone
N° 472 avenue Palais des Congrès
BP 316 Nouakchott
(00222) 63 25 980

L'HARMATTAN CAMEROUN
BP 11486
Yaoundé
(00237) 458 67 00
(00237) 976 61 66
harmattancam@yahoo.fr